税理士ならだれでも年収3000万

税理士法人ステラ代表 税理士
池上成満
Narimitsu Ikeue

CROSSMEDIA PUBLISHING

はじめに

本書は、**税理士資格を取得して開業したばかりの方、これから開業しようとしている方、開業したが思うように年収を伸ばせない方、税理士資格での開業と成功を夢見る受験生向けに、税理士法を遵守しながらマーケティングを意識して税理士事務所の経営を行えば、誰でも年収3000万円に到達できるという方法論を示した書籍です。**

私は全くのゼロから開業して11年で、宮崎県で最大の税理士事務所グループを築きました。それは客観的な事実です。その実績を踏まえ、税理士向けの経営塾である**「会計事務所 売上1億突破本気塾」を主催しており、これまでにのべ100人以上の税理士に対して経営指導をしてまいりました。**

自身の経営経験と100人を超える指導経験から、会計事務所経営で成功する方程式が私にははっきりとわかっています。成功の定義は人それぞれ異なると思いますが、仮に年収3000万円を成功とするならば、誰でもその目標は達成できます。本書ではその方法をお示しいたします。

税理士事務所なのか、税理士業を営む会社なのか

さて、税理士資格を取得する方法はいくつかありますが、税理士資格を取得できる方は一般的には優秀な方が多いです。さらに言えば、事務処理能力の高い方です。ただし、**税理士になった方の97%は、税理士事務所を「会社」として経営するという概念を持っていません。**税務申告書を作成すれば収入が得られるという発想しかない方がなんと多いことか。極論すれば、朝から晩まで税務申告書を作成しているがゆえに、自社の経営について考える時間がないという方がほとんどです。

そのマインドセットから脱却して、企業を経営するという意識を持ち、税務申告書の作成に没頭しそうになる自分を抑えて、他の税理士事務所を出し抜くためのマーケティングとその実践を行ってほしいのです。それだけで多くの顧客を獲得することができ、年収も簡単に3000万円に到達します。

難しいことはありません。ただ、それだけなのです。

だから自信を持って、「だれでも」とタイトルに冠した次第です。


税理士事務所なのか？　税理士業を営む「会社」なのか？　そこが一番の分水嶺です。**税理士法を遵守しながら、税理士業を営む会社を経営するという視点に立てば、それだけで上位3％に入ることができます。**

本書では、都会・地方を問わず、年収3000万円を最短で突破する方法を掲載しています。都会と地方では成功ノウハウが異なりますが、100人を超える全国の税理士先生への指導経験をもとに、都会でも地方でも成功できるノウハウを紹介しています。

「行動すれば次の現実」。私の指導により「**会計事務所　売上1億突破本気塾**」で学んだ多くの弟子たちが年収３０００万円を達成しました。この本には私のノウハウの全てを書いておりますので、ぜひ実践していただきたいと思います。

読者の皆さんがマーケティングと経営に目覚めて奮闘し、年収３０００万円を達成した暁には、それぞれのやり方で沈みゆく日本経済の復活に貢献していただければ、望外の喜びです。

凡庸な少年が、税理士になったワケ

自己紹介をさせてください。

私は凡庸な少年でした。１９７７年に宮崎県宮崎市で、３人きょうだいの末っ子として生まれました。両親は小学校の先生で、非常に教育熱心でしたが、私は両親の言うことを聞かず、勉強嫌いでテレビばかり見ている、どこにでもいる少年でした。

何が、この凡庸な少年を税理士として成功させたのでしょうか？　理由は２つ。１つは不景気で、資格を取得しなければまともな就職先がないという就職氷河期、もう1つは東京で流行っているものを田舎に持ってくるというタイムマシン商法です。

凡庸な少年は凡庸な青年となり、東京の私立大学に進学しました。大学時代は映画制作のサークルに入って、自作映画を作ったりしていました。

卒業する2002年は、最悪の就職氷河期で、普通に大企業に入ることは不可能でした。ブラック企業に就職したくない……。その時に飛び込んだのが資格試験の世界でした。資格があれば食べていけるだろう、それしか考えていませんでした。いや、それしか考えられなかったというのが正確かもしれません。そういう時代でした。


難しい資格なら食べていけるだろうと資格をいろいろと物色していた時に出会ったのが、税理士、ではなく、不動産鑑定士という資格でした。資格試験に合格しなければ、まともな就職先もないこのご時世では、自分の人生は終わってしまう……。そこまで自分を追い込んだ当時の私は、毎日12時間勉強し、不動産鑑定士旧2次試験に合格しました。

就職氷河期が、流されるままで努力とは無縁だった私の人生を変え、「努力によって人生は切り開かれる」という、私の確固たる信念を作り上げたのです。これが私の原点です。

その後、資格を生かして外資系銀行に入行しましたが、サラリーマン生活にはなじめず、田舎に帰って資格業で独立しようと考えました。ただ、不動産鑑定士資格だけでは独立するには心許ないと感じ、ダブルライセンスとして税理士資格も取得することにしました。紆余曲折を経て税理士資格も取得した私は、帰郷し、宮崎県で開業。開業当初の売上目標は年間1000万円。年収3000万円など、夢のまた夢のような開業でした。

しかし、予想に反して売上は伸び続けました。開業2年で1000万円、開業4年で4000万円、開業8年で1億円。さて、この理由は何でしょうか？

それは、すでに東京で成功している集客方法を学び、それをライバルが全くいない田舎の宮崎県で実践するという「タイムマシン商法」を行ったことにあります。私はこれまで100回を超える税理士向けの勉強会やセミナーに参加しました。そこで得た情報を自分なりに田舎に合うようにアレンジして実践しただけです。

「学ぶ」という言葉の語源は「真似る」から来ていると言われます。真似て、アレンジ。この方法で私は開業11年で、売上2億円、年収5000万円を達成することができました。

本書の構成

本書は5部構成です。

まず、第1章では、年収3000万円の経営モデルを示します。経営は逆算が基本であり、ゴールを設定してから取るべき方策を決めるべきです。多くの税理士の先生方がこの点をそもそも間違えています。ボタンの掛け違ったままの誤った経営に多くの時間を費やしてしまうことは愚の骨頂。ここで示すモデルをご自身のものとして理解していただきたいと思います。このモデルを理解していただいた上で、なぜ誰でもできるのか、その理由を説明していきます。

また、経営には心構えが重要です。その指標についても解説いたします。経営を軌道に乗せるコツは、ストイックさとコミュニケーション能力にあります。一見難しいように思えますが、毎日毎日、経営者としての姿勢を正し続ければ、それが自分の姿勢となります。最終的に魅力的な経営者として、顧客やスタッフから尊敬されるようになるのが理想です。

次に、売上確保についてです。売上は企業経営のガソリンであり、それがなければ企業経営は成立しません。「売上は全てを癒す」というのは、ダイエーの創業者中内㓛の言葉です。まさに、箴言。1に売上、2に売上です。

では、売上はどこで容易に獲得できるのでしょうか？　この「容易に」という言葉に注目していただきたいです。簡単に売上を獲得する必要があります。

容易に売上を獲得できる場所、それはずばり、魚がいるのに釣り人がいない場所です。ライバルがいなくて見込み客と多数出会える場所、それを探せばよいのです。税理士業界では、競争が相対的に激しい都会と激しくない地方では集客の方法がまるで異なります。多くの税理士の集客指導を行った経験を踏まえ、都会と地方に分けて第2章と第3章で解説します。

ただし、売上を上げるだけでは不十分です。自分一人ではキャパシティの問題から年収3000万円を実現し続けるのは難しいでしょう。現実的な問題としてスタッフを雇わなければなりませんが、これが難関です。売上を上げるよりも難しいかもしれません。スタッフを雇う際には、年収３０００万円の達成に必要な人材という観点からの採用が求められます。どういう人を雇うべきなのか、これを詳しく解説します。

さらに、税理士事務所のモデルとして、記帳代行があります。お客様から資料を預かり、会計事務所で入力作業を行う方法と、自計化といってお客様に入力作業を行ってもらう方法がありますが、第４章では記帳代行を選ぶべき理由とその実際の運用方法についても指南していきます。

最後に、第５章で年収３０００万円を達成した後のことについて、読者の皆さんと一緒に考えてみたいと思います。人生は長く、売上、利益、年収を追い求めることだけが人生ではありません。税理士であり続ける必要もないかもしれません。成功した税理士のその後の生き方モデルを考えましたので、参考にしていただければ幸いです。

では、年収３０００万円への第一歩を、一緒に踏み出していきましょう。

池上成満

目次●税理士ならだれでも年収3000万

はじめに……2
税理士事務所なのか、税理士業を営む会社なのか……3
凡庸な少年が、税理士になったワケ……5
本書の構成……8

第1章 税理士ならだれでも年収3000万円……19
年収3000万円モデル……20
なぜ、だれでも実現できるのか……25
集客とは、方程式が確立されている科学である……26
営業嫌いだった私が格闘して身につけた3つの必勝戦法……27
「勝ち易きに勝つ」ランチェスター戦略……30

自分が勝てる場所で戦う …… 31
ライバルがいない分野での集客 …… 34
マーケティング思考不在の税理士業界 …… 36
情報は仕入れ …… 40
経営者になれ …… 44
昭和の名コンサルタント一倉定に学ぶ …… 48
事務所を崩壊させた過去 …… 48
人間関係の天才デール・カーネギーに学ぶ …… 52
顧客の選別と値上げの理論家石原明に学ぶ …… 56
税理士法を遵守してのビジネス …… 60
コラム① 業界誌を読もう …… 64

第2章 集客戦術 都会編（東京・大阪・名古屋）

…… 67

都会での開業をお勧めできない4つの理由……68
都会ではウェブ集客は諦めろ……72
勝ち筋は「アナログ戦略」にある……74
紹介作戦……76
チラシの有効活用……76
「あ」から電話をかけよう……78
だれでもできる「24時間365日営業」戦法……79
保険会社セミナー作戦……81
保険会社同行営業作戦……85
補助金作戦①……89
補助金作戦②……92
業種特化作戦……96
外国人特化作戦……102
経営コンサル作戦……106
コラム② 単価を上げるための保険活用術……110

第３章

集客戦術　地方編（東京・大阪・名古屋以外）

集客戦術　地方編（東京・大阪・名古屋以外）……113
年収３０００万への最短ルートとオススメ都市……114
絶対に成功したいなら、この地域で開業しよう……116
経営者団体加入作戦……118
会社設立作戦……122
ホームページに入れておきたい４つの要素……124
融資サポート作戦①……126
融資サポート作戦②……130
税務調査サポート作戦……134
相続税ホームページ作戦……138
相続手続き作戦……142
ＤＭ作戦……146
クラウド会計作戦……150

コラム③ ウェブ支援会社選びのチェックポイント……154

第4章 税理士事務所のオペレーション……157

どういう人を採用するべきか……158
採用モットーは、「1に子育て、2に子育て、3、4がなくて、5に子育て」……159
時短勤務を認めよう……161
最強の採用戦略① 訴求力のある求人の文言を考えよう……162
最強の採用戦略② 働きやすさを追求せよ……164
池上式「フルリモート採用」……168
フルリモート人員は、教育不要の人材を選べ……168
リモート採用で後悔しないために考えるべきこと……170
記帳代行のススメ……172
記帳代行はAIにやらせて、業務効率化を究めろ……173

効率とクオリティを両立する資料回収と資料の保管方法……176
トヨタの工場に見習う資料回収……176
経営者に向けたわかりやすい貸借対照表の説明の仕方……179
小学4年生にもわかるように説明するべし……180
経営者に向けたわかりやすい損益計算書の説明の仕方……183
ワンマン経営のための会議のやり方……187
常に残業削減を意識して、ホワイト企業を目指す……191
コラム④ 業務管理・進捗管理のために、早めに専用ソフトを導入する……193

第5章
成功してどうするのか？……195
税理士事務所の成功モデル……196
売上1億円を目指す（上位8％）……200

池上式・最強メソッド …… 204
売上2億円を目指す（上位3％） …… 208
中小企業を成長に導く …… 212
税理士事務所の事業承継の要諦 …… 216
ひとり税理士として余暇に生きる …… 220
強みを活かして、まったく新たなビジネスに取り組む …… 224
投資で生きていく …… 228
多様な生き方を選べる時代 …… 232

おわりに …… 236

第1章

税理士なら
だれでも年収3000万円

年収3000万円モデル

まず、成功の定義を年収3000万円としたいと思います。

この数字は、日本人の上位約0・3%にあたります。年収3000万円もあれば、経済的には成功者と言って差し支えないでしょう。サラリーマンの給与では、上場企業の雇われ社長を除き、ほぼ不可能な数字だからです。

よって、**本書では、税理士として開業し、年収3000万円を突破することを主眼とします。**日本税理士会連合会の税理士実態調査では、税理士の平均年収は800万円を下回っています。これが現実です。残念ながら、税理士の収入はサラリーマンとそれほどの大差がないのです。

しかし、年収3000万円を達成すれば、世間的にも大成功と言えるでしょうし、税理士業界の中でも相当な上位に立つことができます。それでは、年収3000万円を達成す

図1　年収3000万円を達成するための経費一覧

項目	詳細	金額（万円）
人件費	正社員（フルリモート）　2名	800
	パート（フルリモート）　1名	200
	事務員	150
家賃	–	150
会計ソフトなど	–	50
諸経費	–	150
経費合計	–	1500
目標利益	–	3000
必要売上	–	4500
1社あたりの売上	–	45
必要顧客数	–	100社

るモデルを見ていきましょう。

　年収３０００万円を達成するためには、図１の経費が必要となります。

　１５００万円の経費がかかりつつ、利益を３０００万円残すと考えると、４５００万円の売上が必要です。１社あたりの売上を45万円とすると、１００社の顧客が必要となります。**この１００社の会計処理および決算書、税務申告書作成を税理士１名とフルリモートの正社員２名およびパート１名で対応することになります。**

　ここで注意点は、個人事業主をできるだけ顧客にしないこと。個人事業主は単価が低く、決算期も12月に集中するため、担当する社員に負担がかかりやすいからです。

やむを得ない場合を除き、極力、顧客は法人だけとするべきです。

次に、なぜフルリモートを採用するかですが、**フルリモートを前提とした採用こそが、最もスピーディーに税理士事務所勤務経験のあるスタッフを雇用できる**からです。どの業界もそうですが、税理士業界も相当な人手不足です。どんなに大手の税理士法人でも、経験豊富なスタッフを簡単に雇用することは難しい状況です。その問題を解決するのが、中途半端なリモート採用ではなく、一切出社しないフルリモート採用です。この「池上式フルリモート」については第4章で後述します。

さて、100件のお客様を獲得し、この100件の会計処理および決算書、税務申告書作成を前述のフルリモート正社員2名、パート1名、税理士先生1名でこなすことができれば、年収3000万円はもうすでに射程圏内です。

1つひとつ検討していきましょう。

まず、年間報酬が45万円の顧問先を100件獲得できるかという問題ですが、これは容易です。都会での開業、地方での開業、どちらでも容易です。都会であれば、保険の営業マンや金融機関の職員などに紹介をもらえる仕組みを作ればよいですし、地方であればネットで集客をすればよいのです。ネットが出現してから25年が経過しましたが、ネット集客は地方ではまだ通用します。

しかし、**主流とすべきは地道な営業作戦です。**この地道な営業作戦は、小回りが利かない大きな税理士事務所ではできない手法であり、大手の間隙を縫って顧客を獲得するというランチェスター戦略に適った方法です。詳細については第2章で詳しく論じます。

次に、１００社の会計処理および決算書、税務申告書作成についてです。理論上、正社員の担当は40社、パートは20社ということになりますが、これは全く不可能ではありません。私が代表を務める税理士法人ステラでは、実現しています。そのコツは２つ。

顧客を訪問しないことと、資料の回収方法の工夫にあります。

顧客を税理士や税理士事務所の職員が訪問する時代がありましたが、ウェブ会議が当たり前になった今、そのような方法は時代遅れです。税理士の多くは今でもこの訪問を続けていますが、これは業界が遅れている証拠です。

税理士が顧客を訪問するかどうかは、年収３０００万円モデルの成否に大きな影響をもたらします。結論としては、一切訪問してはなりません。訪問すれば移動時間という重大なロスが発生します。訪問レスで、Ｚｏｏｍなどで顧客に対応することが、効率的な作業時間を確保するコツです。

訪問しなくても、Ｚｏｏｍでアドバイスが可能ですし、画面共有をしながらさらに効率的なアドバイスもできます。しかも、遠方の第三者も参加できるという利点もあります。

もう１つの重要な論点は、領収書などの資料の回収方法です。これについては、入力を迅速かつ効率的に行うための観点から考える必要があります。毎月、決まった形式で、勘定科目が明確な状態で顧客から領収書などの資料が届けば、入力は非常にスムーズに行えます。私が把握している仕訳処理の最高スピードは、１時間で４００仕訳です。

トヨタがあれだけの数の車を短期間で生産できるのは、工程に無駄がないからです。資料の回収から会計入力までを１つの工場と見立てて、よどみのない流れを作るべきです。

さらに必要なのは、顧客からのイレギュラーな資料提出を許さず、統一した資料の回収方法を全顧客に徹底させることです。これができれば、迅速な大量処理が可能となります。

まとめると、集客に関しては、**都会なら紹介を生み出すための地道な営業作戦を行い、地方ではネット集客を活用して１００件の顧客を集める。資料の回収方法を統一して、記帳代行がスムーズに機能するようにし、フルリモート正社員で40社、パートで20社を担当できるようにする**のが、この年収３０００万円モデルなのです。

なぜ、だれでも実現できるのか

この年収３０００万円モデルは、税理士の平均年収が８００万円以下という現実から考えると、かなり高いハードルのように思えます。しかし、私は１００人以上の税理士先生の経営指導をした経験から、都会で開業しようが、地方で開業しようが、誰でも可能だと断言できます。

ただし、１つだけ条件があります。それは特に**都会の開業者は、集客に関して執念が必要**だという点です。顧問先１００件の獲得は、毎月1件の紹介獲得のようなスローなやり方ではとても難しいです。まずは紹介を生み出す仕組みを作る必要があります。この仕組みから1件の紹介を生み出すのには時間がかかりますが、そこを我慢さえすれば、紹介は次々と湧き出てきます。イチローさんの名言で「野球は勝負事。勝負事は気合と根性。結果、そこに行き着くんだ」というものがあります。これは箴言です。保険販売のレジェンドであるフランク・ベトガーは「熱意の魔法」と表現しています。何事も最低限の気合、根性、執念が必要です。

集客とは、方程式が確立されている科学である

さて、集客の成否は偶然では決まりません。第2章以降で紹介するメソッドを用いれば、狙って100件を獲得することができます。私から言わせれば、集客は釣り堀に糸を垂らすのに似ています。対象さえ間違わなければ、必ずヒットするからです。集客は成功して当たり前、**集客は方程式が確立した科学である**というのが私の持論です。

顧客の獲得スピードですが、100件の顧問先をできれば3年で獲得したいところです。毎月3件のペースです。ビジネスは悠長にしていられません。ライバルたちが集客に取り組むスピードよりも早くスタートして、先行者利益を享受するべきです。先行することで、レッドオーシャンになる前に高い単価を獲得できるのです。

集客は、都会では保険会社や金融機関をハブとして利用し、補助金をフックにする、特

化事務所になる、外国人のクライアントを狙う、顧客の課題を1年間で解決するコンサル作戦を行うなどの方法が有効です。

一方、地方では、顧客が関心のある分野のホームページを作成し、Ｇｏｏｇｌｅ広告やＹａｈｏｏ！広告を活用するのが成功への近道です。さらに、都会で行う地道な集客作戦も地方で十分に通用するため、地方での成功はより容易といえます。

集客のメソッドを自分で考えるのは難しいことですが、この本には効果抜群の集客方法が掲載されています。ぜひそのまま実践してみてください。私や弟子が成功した方法だけを収録しているので、再現性が高く、誰でも成功できると確信しています。

営業嫌いだった私が格闘して身につけた3つの必勝戦法

さて、営業はツールの問題とは別に、マインドの問題があります。営業に苦手意識を持っている方もいるかもしれません。実は私も、かつては営業に苦手意識を持っていました。

就職活動の際も、営業職は受けないようにしました。というのも、顧客に不要なものを売りつけるという誤ったイメージがあったからです。学生時代のアルバイトもコールセンターなどの受け身のものばかりでしたし、就職先の銀行でも、営業ではなく本部の審査部門でした。とにかく営業とは無縁の環境にいたのです。

しかし、今は違います。税理士として開業したら、顧客を開拓しないと生活できないので、営業が苦手とは言っていられませんでした。とにかくお客様と面談し、面談の中でニーズを探し、そのニーズに応え、他社との差別化をアピールして税理士顧問契約を結んでいただく必要がありました。営業嫌いの私の格闘が始まったのです。

開業して3年ほどで、営業に対して自信がつきました。私が身につけた必勝の方程式は、**お客様の役に立ち、その上で頼りになる人という印象を植え付けてからセールスを開始する**という単純なものでした。

ご存じの方も多いでしょうが、「返報性の法則」と呼ばれるものがあります。これは、お世話になるとその人にお返しをしたくなるという心理学の法則です。顧客に寄り添えば、必ず相手の気持ちは動かされます。ほとんどの既存税理士は税金の計算しか頭にありませんし、経営に役立つちょっとしたアドバイスさえも行っていません。だからこそ、実践すれば威力は絶大です。

また、皆さんに強調してお伝えしたいのは「口は一つ、耳は二つ」という考え方です。**セールスしたい気持ちを抑え、顧客に2倍話をさせる。そして「すごい、素敵、すばらしい」という「3S話法」で会話をする。**これが身につけば、税理士業界では営業の達人になれるでしょう。

それでも自信のない方にとっておきの裏技を教えます。それは、見込み客である社長と会話する際に、昔の苦労話をさせることです。「**社長も今は成功されていますが、苦労されていた時期もあったのではないでしょうか？**」という問いかけが効果的です。間違いなく、社長は何時間でも話してくれるでしょう。長時間話を聞いてあげれば、相手は負い目を感じるため、成約に繋がりやすくなります。

中小企業の社長と話す機会さえ得られれば、前記の必勝戦法を実践することで、その一部を顧客にできるでしょう。あとは、ばんばん数をこなすことが重要です。毎週２人以上の社長と会うように心がけ、その１／３を成約に持ち込めれば、集客に関する目標は簡単に達成できるはずです。自信を持って、多くの社長と会話してみてください。今の税理士に不満を持っている社長は感覚的には５割以上います。新しい税理士と出会いたいというニーズは非常に多いのです。

「勝ち易きに勝つ」ランチェスター戦略

税理士事務所の経営を士業経営と考えてはいけません。普通の会社経営と捉えましょう。

さて、その上で、全くのゼロもしくは弱小の会社はどう戦うべきか。ずばり、ランチェスターの弱者の戦略を採用すればよいのです。ランチェスター戦略については、詳しく勉強する必要はありません。市販の本を軽く読むだけで十分です。

私なりの理解では、**ランチェスター戦略とは「勝ち易きに勝つ」**ということです。知名度があり、資本力もある大手がいる場所を避け、自分と同じ零細企業しかいない場所で戦い、優位性を発揮するのです。

自分が勝てる場所で戦う

わかりやすい指標で考えてみましょう。税理士1人あたりの人口というものがあります。私の税理士法人の本部がある宮崎県では、税理士1人あたりの人口が約3000人もいます。この人数であれば、事業を行っている人が3％と仮定すると、90人はお客様になる可能性があります。先ほど顧問先100件を目指すように書きましたが、税理士が少ない田舎に行けば、最初から90名もの見込み客がいるので、簡単に達成できることがわかります。

これが福岡県になると、税理士1人あたりの人口は1500人程度になります。難易度は倍増。大規模な都市では、経営上手な切れ者の税理士経営者も多くなるため、難易度はさらに上がるのです。

最も楽なのは離島です。例えば、鹿児島県の桜島には4000人以上の人口がいますが、税理士はゼロです。ここで開業すれば、すぐに100件は達成できるでしょう。ライバルはゼロなのですから。街で一番の富豪になることも夢ではありません。

一番難しいのは、東京都の中心である港区、千代田区、中央区での開業です。税理士1人あたりの人口はたったの60人。これでは顧客の獲得は凡人にはほぼ不可能です。山手線の車両1両の定員（座席・立席含む）は150人なので、車両1両に税理士が2人も乗っている計算になります。税理士だらけで、いかに大変かを想像できたでしょう。

東京都心で税理士業を開業するということ自体が、税理士事務所経営を理解していないか、別の勝算を持つ天才かのどちらかです。私の知る限り、全くのゼロから経営統合や事業承継をせずに、東京都心だけで50名規模まで成長させることができる税理士事務所経営者は、天才的な発想と組織力を持っています。

ほとんどの読者は、私も含めて天才税理士経営者ではないので、大都会の真ん中でこれから開業しようとしているか開業して3年未満であれば、すぐに転居して、税理士1人あたりの人口が2000人以上の地域に移ることをお勧めします。それが年収3000万円への最短ルートです。

私は、経営がうまくいかない弟子2名に、税理士事務所の所在地を移転させました。1

名は東京の銀座から埼玉県の奥地へ、もう1名は東京都新宿区から東北の寒村へ。この2名とも大成功を収めました。成功の最大の要因は、ただ1つ。ライバルが不在であったことです。

中国地方、中部地方、北関東の地方都市でも弟子たちは成功し、無人の野を行く快進撃を続けています。実際、数年後には県でトップに躍り出ると思われるほど躍進している弟子もいます。

私から言わせれば、都心での税理士事務所経営の難易度を10とすると、地方都市では1になります。ですから、10分の1の努力で「だれでも」成功できるのです。なんと夢のある業界でしょうか。私は不動産鑑定士の資格を取得した後、税理士資格を取得して開業しましたが、正直言って遠回りをしたと思っています。ぜひ若い方には、この税理士業界を一直線に目指していただきたいです。

ライバルがいない分野での集客

税理士事務所の経営や集客を考える際、場所という概念以外に「分野」という概念も考慮する必要があります。この「分野」という概念でもランチェスター戦略は有用です。集客を行う際には、必ず開業場所にいる大手の動向を把握していただきたいのです。**大手が行っている集客の分野をできるだけ避け、大手がいない分野で集客を行うべきです。**

例えば、東京で「会社の設立からサポートします」というホームページを作ってネット広告を出しても、すでに大手が何千万円という広告費をかけているため、競争は非常に厳しいです。したがって、この分野でネット集客するべきではありません。

一方で、「アラビア語特化税理士」というホームページを作り、ネット広告を出したらどうなるでしょうか。ライバルがほぼいないため、依頼が殺到するでしょう。実際に弟子の中には、この特化戦略で成功している者もいます。**ライバルがいない分野での集客こそ、**

簡単に売上を上げるコツなのです。

「ライバルが集客していない分野なんてあるのか」と思われるかもしれませんが、世の中には1万種類の職業があります。特化する分野は無限にあります。詳しくは第2章で述べます。

最後に、さらに強力なのが接近戦です。30名以上の税理士事務所にはできないことがあります。それは、**代表税理士が直接動いて、紹介のハブを作り、紹介の連鎖を作る**ことです。保険会社や金融機関にハブを作り、紹介を受けるには、常に代表税理士が保険の営業マンや金融機関の職員、中小企業の社長に会うことが求められます。経験上、30名以上の税理士事務所の代表税理士は中小企業のオーナーのような存在となっており、非常に忙しく、自ら集客に動く時間が取れません。ここに大手を出し抜くチャンスがあるのです。

場所、分野、接近戦。

この3つを意識した集客作戦で他社を出し抜くことが要諦なのです。

マーケティング思考不在の税理士業界

ある人が商品やサービスを準備してビジネスをするとしましょう。当たり前ですが、売上がないと事業が継続できません。売上を上げたい、そのために何をなすべきでしょうか。それは、**自己分析を行った上で、狙うべき顧客の設定と顧客獲得のための市場調査を行い、さらには顧客を誘引すると思われるツールが本当に機能するのかという実験と実践を行う、つまりはマーケティングです。**

税理士としてビジネスを考えるなら、まずは自己分析です。自分の強みは何か考えてみましょう。元銀行員で融資に詳しい、元生命保険の営業マンだから保険に詳しい、元不動産屋だから不動産に詳しいなど何かあるならよいのですが、何も考えつかないこともあるかもしれません。

その時はこう考えましょう。**自分には何もないが、フットワークの軽さだけはある。**これなら誰にでも持てる強みです。中堅以上の規模の開業税理士には、このフットワークの軽さはありません。一人一人のクライアントに丁寧に接する時間的な余裕もありません。

だから、強さとして十分に成立します。

次に、自分が取りたい顧客の設定です。これを例えば、年商が1億円程度で人員が5人程度の経理がいない会社とします。

以下のように考えていきます。

その顧客と知り合うための接点は、ネットと金融機関からの紹介と保険会社からの紹介と経営者団体と思われる。ネットでターゲットとする顧客と知り合うために、魅力的なホームページを作り、Ｇｏｏｇｌｅ広告をまずは10万円の予算でやってみる。また、金融機関から紹介をもらうために、金融機関に補助金などの有益な情報を発信して、それを金融機関から中小企業の顧客へ渡して、紹介を促す。さらに、保険会社からの紹介をもらうために、保険会社主催のセミナーに講師として参加させてもらえないか、ライオンズクラブやロータリークラブに入って活動してみるかと考えていきます。

そして実際に行動に移し、うまくいくか実験していくのです。うまくいくことばかりではありませんが、ライバルの税理士が営業行為をほとんどしないので、意外にあっさりうまくいく場合も多いです。

このようなトライアンドエラーは、税理士の顧客である中小企業の社長は当たり前に行っています。何としても売上を増やして利益を出したいから必死です。しかし、情けないことに、中小企業の決算書を作成して説教をしている税理士自体は、何も考えていないのはおろか、行動も起こしていないのです。

その結果、どういうことが起きているのでしょうか。それは、税理士業界の二極化です。現在100名以上の社員を有する税理士事務所の数は3桁を超え、珍しい存在ではなくなりました。1000名を超える事務所も出てきています。

逆に「ひとり税理士」と言って、1人で細々と、病気になった時のリスクなどを背負いながら、事業とは言えない規模でひっそり生きているその日暮らしの税理士も東京を中心に激増しています。

大手は、マーケティングにより顧客を増加させて、どんどん大きくなり、資本力を増していく。零細はずっと零細。これが税理士業界の現状です。

私から言わせれば、この税理士業界で儲けるのは、無手勝流でよいですからマーケティングを行えばよいだけ。それだけです。それだけで上位３％に入れます。一番競争が激しい業界は化粧品と健康食品と言われていますが、それに比較してなんて楽チンな業界なのでしょうか。

その証拠にネットが発明されてから、25年以上が経過しているのに、いまだに会社のホームページすらない税理士事務所、スマホ対応にもなっていないホームページを平気で使っている税理士事務所がたくさんあります。お客様からどう見られているのかという視点がゼロの業界だから、こういうことがまかり通っているのです。経営が伸びない税理士は、こんな楽チンな業界にいることに感謝し、ぜひマーケティングを学び、自社の経営に取り入れてください。絶対に業績はアップするはずです。

情報は仕入れ

穏当な表現ではないですが、「まずいラーメン屋ほど、他のラーメン屋にラーメンを食べに行かない」という法則があります。同業他社がどのようなラーメンを提供しているのか、自社と比べて優れている点、劣っている点はどこで、自社をどのようにすればそれを改善できるのかを持ち帰り、実際に改善するプロセスが欠けているので、結果としてまずいままになってしまっているのです。

税理士業は当たり前ですが、他の税理士よりも優れていることをアピールして、税務顧問契約を増やしていくというのが基本的な事業になります。ですから、他社の情報を仕入れて、他社より優れた事務所にしていかないと比較された時に勝てません。

これはどの事業においても同じで、レベルの高いサービスを提供できない人は、情報の仕入れや同業他社の動向の把握にお金と労力を使っていません。お客様があっての商売なのですから、自分本位であってはなりません。**税理士が、他社や最新の情報を仕入れないのは、飲食業で言えば食材を仕入れないと同じであり、命とりです。**

私は、税理士業の開業以来、情報の仕入れは徹底して行ってきました。どういう情報かというと、集客方法、会計処理の方法、最新の会計ソフト、新人の採用方法、その採用媒体、教育方法、保険の販売方法など、ありとあらゆる情報です。

毎月、東京で開催されるセミナーに九州の片田舎の宮崎から通って、できるだけ懇親会も参加して、自分よりも先を行く税理士事務所経営者から少しでも情報を得ようと動いたので膨大な情報が集まりました。この中で、自分でもできそうなものを自分の事務所で実験し続けました。

そのために費やしたお金は累計で１０００万円は軽く超えると思います。しかし、その学びによるリターンは10倍どころではありません。自慢ではないですが、私は自分でゼロから発明した画期的な経営手法は１つもありません。全て先行する優秀な他社のやり方を自分なりにアレンジしただけです。

この業界というのは特殊で、税理士向けのセミナーに行くと貴重な情報を惜しみなく教えてくれます。なぜなら中小企業は膨大にあるので、他の税理士にノウハウを教えても、市場が膨大ゆえ、自分の直接のライバルとなってビジネスに影響が出ることがほとんどないからです。

税理士事務所経営者でセミナーの講師をする人は私も含めて承認欲求の塊ですから、褒めて煽てて、核心的な情報を仕入れましょう。これが一番効率的なやり方です。

私は、現在も情報の仕入れを続けています。現在も5個の税理士向け勉強会に入っており、税理士向けの経営コンサルタントの方3名から毎月レクチャーを受けています。そういう勉強熱心な税理士は、宮崎県みたいな田舎の県では一人もいません。だから、私は開業11年で県内トップの規模にまで税理士事務所を成長させることができたのです。

また情報というのは、同業他社やベンダーからの情報とは限りません。お客様からの情報もとても大事です。税理士であれば、定期的にお客様と面談やウェブ面談で接することになりますが、その際に漠然と接するのではなく、お客様からのヒアリングを通して、どのようなサービスをお客様が求めているのか、どのようなサービスならお客様が喜んで高い料金を払っていただけるかをヒアリングすることが大事です。

お客様にとって喜んでもらえていると自分で思うサービスが意外にお客様にとっては響いていなかったり、反対に、こちらのちょっとした気遣いが大きな感動を生んでいるということが私の経験上、よくあります。

自動車王ヘンリー・フォードはこう言っています。「成功の秘訣というものがあるとすれば、それは、他人の立場を理解し、自分の立場と同時に、他人の立場からも物事を見ることのできる能力である」。

ぜひ、皆さんもクライアントの立場からも物事を見て、よりよいサービス、高い単価が取れて喜ばれるサービスを常に考えるように心がけてみてはいかがでしょうか。

経営者になれ

税理士業界の市場規模をご存じですか。なんと2兆円市場です。これはゲーム業界とほぼ同じです。ゲームは子どもから大人までしている方が多いですよね。それに匹敵するとんでもなく大きな市場規模なのです。

この市場規模があれば、先述したランチェスター戦略で、小資本の税理士でも市場の隙間で生きていける、そう考えることもできます。つまり、力を十分に発揮できる市場規模があるのです。逆に弁護士や不動産鑑定士、司法書士といった他の大型資格業の市場規模は小さく、ビジネスとして考えると旨味は少ないです。それだけ税理士は恵まれているのです。

では、この巨大な税理士の市場において商売をしている税理士は、そもそも経営者として活躍しているのでしょうか。

税理士業は、国家資格に基づく資格業です。ですが、顧客を獲得しないと生きていけない単なるビジネスでもあります。税理士法をきちんと遵守しながらも、ビジネスとして生き残り競争を行い、他社を凌駕して、１つの企業として業績を伸ばしていき、利益をあげ、事業を主宰する自分が儲けるないしは配当を行う。こんな当たり前のことが、巨大市場を誇るこの税理士業界では当たり前ではありません。

「会計事務所 売上1億突破本気塾」で、１００人以上の弟子の経営指導してきた自分の経験上、ビジネスとして税理士業をとらえている税理士は全税理士の３％程度しかいません。

ほとんどの税理士の認識はこうです。税金の申告書を作成したらクライアントから10万円貰える。それを繰り返し行えば、年収８００万円になる。めでたし、めでたし。

その程度の認識で、わずかな売上しか上げられず、その日暮らしの低収入で何となく生きている。それが全開業税理士の97％です。普通のビジネスにおける当たり前のこと、これがないし、できないのです。

その証拠にほとんどの税理士には、競合分析や広告という概念がなく、さらには売上目標も単価目標も、中期計画も長期計画も事業の出口戦略もありません。自称「中小企業のホームドクター」が聞いて呆れます。

年収3000万円を目指す税理士は、この逆を行けばよいのです。難しいことではありません。常に自分に「自分は経営者と言えるのか？」と問いかけてみましょう。

自分を単なる税金計算業ではなく、1つの会社の経営者として捉えた時に、意識が変わります。どう、自分の会社が利益を出して、発展することができるか、そういう意識が出てくるのです。

勉強してやっと税理士資格を取った、だけど薄利多売で忙しくバタバタ貧乏で儲からない、なんでこんな道を歩んでしまったのかと思う前に、経営者として自分の経営を見つめ直してみましょう。

見込み客を集め、税務顧問の成約率を高め、そして単価をどのように上げるべきなのか。工数を削減し、無駄を極限まで省き、いかに効率よく利益を叩き出すべきか。そういう観点から税理士事務所経営を見つめ直してみましょう。

皆さんが、真の意味で経営を志すにあたり、３人の偉人を次節以降紹介します。指導した会社数が1万に上る昭和の名コンサルタント、１５００万部のベストセラー作家で人間関係の天才、顧客選別と値上げの理論家の３人です。

無知蒙昧な私も、数百冊に上る経営やコミュニケーションに関する本を読んできました。その中で最も優れた著者がこの３人だと断言します。ぜひこの３人の代表的な著作を熟読してください。

皆さんの経営レベルが格段にアップし、その日暮らしの経営から逆算の経営にまで進化できることでしょう。

税理士が強制加入させられる税理士会の支部では、懇親のためにソフトボール大会やゴルフ大会などが開かれますが、そんなことをしているより、経営に関する本を読んだ方が何百倍も有益です。（研修はきちんと受けましょう）。

昭和の名コンサルタント一倉定に学ぶ

私が、経営の勉強にあたってまず一倉定先生を最初に推すのには理由があります。それは、恥ずかしながら、税理士事務所を崩壊させてしまったゼロの状態から、組織の立て直しを図ることができたのが、この一倉先生からの学びがあったからなのです。

事務所を崩壊させた過去

偉そうなことを書いてきましたが、実は私は一度、税理士事務所の経営に失敗し、組織を崩壊させたことがあります。組織が崩壊したのは開業4年目です。当時は、6名程度の組織でした。実務はナンバー2に任せきりで、私は集客だけに没頭し、組織づくりもせず、サラリーマン感覚、友達感覚での経営を行っていました。そのため、当時のナンバー2は不信感を増大させ、代表である私との人間関係はどんどん悪化し、私は常にこの従業員をどうしようと頭を悩ませつつも、放置していました。

やがて、その状態は最悪な結果を招きます。些細な問題を発端とする口論で私は激怒し、一番やってはいけない即日懲戒解雇をしてしまったのです（当時の無思慮な行動を思い起こすと、恥ずかしさと当時の従業員への申し訳なさでいっぱいです）。

すっきりしていたところ、内容証明が届きました。それは、違法な解雇であるので慰謝料を450万円請求するという弁護士からの文書でした。私はパニックになりながらも知り合いの弁護士に相談しました。話し合った結果、そこで、1カ月分の解雇予告手当を支払うという旨の返答を相手方に行ったのですが、当然にそれは無視され、違法解雇で裁判所に訴えられてしまったのです。裁判自体は和解で決着できたのですが、私のリーダーシップのなさに呆れ、全員が退職しました。

私は心から反省しました。このまま経営を再開しても、また同じ轍を踏んでしまう……。

そこで偶然出会ったのが一倉経営学でした。それまでは自分自身が社長という意識が希薄で、いわばサラリーマン感覚、友達感覚の馴れ合い経営を行っており、組織の崩壊と訴訟沙汰を招いてしまいました。そこを深く反省し、一倉経営理論に基づく改革を始めました。社長としての姿勢を正し、従業員との接し方を工夫し、利益を意識的に出すことで従業員の待遇を良くしていこうと私は誓い、猛然と働き始めました。

一倉定先生の描く理想の社長像はとにかくストイックです。ポイントをまとめると、以下のようになります。

- 電信柱が高いのも郵便ポストが赤いのも社長の責任。社長は会社の全てに責任を持て。
- 手柄は従業員、失敗は社長の責任と心得よ。
- 従業員は実施責任、社長は結果責任を負う。
- ワンマン経営が正しい。正確に言えば、衆知を集めた独裁が正しい。社長の仕事は決定。
- 実現不可能なほど高い目標を設定し、それをどう実現するかを考えよ。現在の業績の延長上の目標では低すぎる。
- 名誉職は一切するな。会社の業績向上が一切の社会貢献。

●代表の施策の誤りは素直に認め、朝令暮改、朝令朝改も辞さない。
●社長が一番精進することで、従業員がついてくる。
●必要粗利を含めお客様に買っていただける仕組みを作るのが、社長に課せられた仕事の第一。
私は、一倉先生の著作を大量に購入し、数十年前の講演テープを頻繁に聞き、経営に真剣なストイックな社長になろうと努めました。新たに雇った従業員は、率先垂範し使命感に燃えた私の背中を見て、前回と違って私の指示通りに動いてくれるようになったのです。

振り返ってみて、一倉定先生の理論はアーリーステージの方にとって1つの成功方程式だと確信しています。ぜひ勉強してみてください。

人間関係の天才
デール・カーネギーに学ぶ

経営者としての姿勢は、一倉定先生の指導通りのストイックな社長像を目指せば、バッチリです。では、社長がストイックなだけで組織はうまく機能するでしょうか。年収3000万円モデルは従業員を雇用しないと実現できません。従業員に気持ちよく働いてもらうことが必要となります。

「自己重要感」これがキーワードになります。自己が重要な存在だと認められたいという渇望を利用して、従業員の力を引き出していくことが組織の運営では肝要です。

願望でなく渇望という言葉に注意してください。マズローの法則でも出てきます。人間は社会的な動物です。何かに属していないと生きていくことはできません。その所属する集団の中で替えの利かない重要な存在でありたいという、この燃えるような欲求をうまく操ることで人心掌握は容易となります。

私は、この単純にして重大な事実をデール・カーネギーの『人を動かす』という本から学びました。デール・カーネギーは、１００年以上前のアメリカの自己啓発、セールス、対人スキルアップの専門家です。その代表的著書『人を動かす』は１００年間も読み継がれています。

人間関係で挫折した私は、このデール・カーネギー式の人への接し方を実践してみました。すると、すぐに効果は現れ、一旦は訴訟沙汰の中で全員がいなくなった組織は生まれ変わり、そして生き生きと躍動し始めたのです。その効果を実感した私は、一時期、毎日、名著『人を動かす』を読んでいました。


成功の秘訣は「人の悪口は決して言わず、長所を褒めること」です。人を非難する代わりに、相手を理解するように努めていきましょう。毎日のように従業員の褒めるべき点を探し、皆の前で褒めることを励行すれば、会社の雰囲気はとてもよくなります。

私から言わせれば、難しい国家資格を取得したあなたは十分に優秀なのです。それを誇示する必要はありません。従業員があなたより知的レベルが劣るというのは当たり前です。

あなたが雇用しているのですから。自分の長所、欲求は忘れて、他人の長所を考えるようにしましょう。

もし、あなたと同じレベルの人を雇用したら人件費過多ですぐに倒産です。上場企業でもない、大した福利厚生もない、自分の税理士事務所で働いてくれることに感謝するべきです。

普通の人をうまく操っていくのが、名経営者であり名指揮者だと思うのです。デール・カーネギーの言葉を引用すれば、従業員を、馬鹿だとか、能なしだとか、才能がないとか言って罵るのは、向上心の芽を摘み取ってしまうことになる。だから、その逆を行く。**大いに元気づけて、やりさえすれば容易にやれると思い込ませ、相手の能力をこちらは信じているのだと知らせてやる。**そうすれば相手は、自分の優秀さを示そうと懸命に頑張ってくれるのです。

実は、後日談があります。このデール・カーネギー式の人心掌握術が極めて有効な効果を発揮するのは、税理士事務所の人数が15人程度まででした。この規模となると人間関係だけで人心を掌握するのが難しくなってきます。江戸時代に五人組という制度がありました。ローマ時代の戦争も５人単位で行われていました。人間は５人程度までしか目が行き届かないのでしょう。

自分の腹心の部下が１人いたとしても、15人程度が限界です。そこからは本格的な組織論の話になってきます。しかし、年収３０００万円でよいのなら、そこまで考える必要はありません。デール・カーネギーの唱える自己重要感を満たすという従業員への接し方を身に着ければ十分です。

経験上、30人を超えてくると組織運営の苦労が急増します。30人の壁です。ここを乗り越えると、50人の壁がやってきます。インフレ、人手不足時代に組織を拡大し続けるのは時代に逆行しています。大きくせず、仲良しの小さい組織で利益を出すというのも素晴らしい経営手法だと今は思っています。

顧客の選別と値上げの理論家石原明に学ぶ

最後の一人が石原明先生です。石原先生は知る人ぞ知る名コンサルタントで、数多くの革新的な理論を著書の中で展開されていますが、その中でも特に「顧客選別と値上げ理論」が私は素晴らしいと思っています。

「お客様は神様です」。この誤った概念が、多くの経営をだめにしてきました。**お客様は神様ではありません。取引の相手方にすぎません。**

石原先生は代表的著作『イヤな客には売るな!』で、顧客は選別すべきと喝破しました。対等な取引相手とみてくれない顧客と接していると理不尽なクレームだらけとなり、自分も従業員も疲弊してしまいます。

一方、「イヤなお客様には売らない」ようにして、自分のサービスの良さをわかってくれるお客様だけを相手にしていると、単価も取れ、紹介が紹介を生み、ますます儲かっていきます。

自分のサービスの良さを宣伝し、それにより見込み客を大量に作り、その中から顧客となっていただき、リピーターになってもらう仕組みを作る。これはどの商売にとっても鉄則ですし、税務顧問というサブスク商売である税理士にとってはまさにうってつけの考え方です。

お客を選ぶという言葉の裏側には、自分のサービスの良さを広めるという努力が必要というのが重要なのです。そして、飽きさせずにリピーターになってもらうという仕組み作りもまた重要です。行き当たりばったりではなく、あなたの会計事務所のリピーターであり続けたいと思ってもらえる、そういうサービス、仕組みを考えてみるべきでしょう。

石原先生の業績はそれだけではありません。その慧眼が冴えたのは、デフレ時代真っただ中に書かれた『絶対儲かる「値上げ」のしくみ、教えます』です。この本は、私の中の不朽の名作です。私は、この本を読んで値上げにトライし、税理士事務所を成長曲線に乗せることができました。

デフレ時代を生きてきた者にとって、値上げは清水の舞台から飛び降りる勇気がいります。この本は、その勇気をくれる素晴らしい本です。

値上げとは、なんでしょうか。それは、つまりは**「価値に見合った金額で売る」**ということです。**安く売ることは、品質やサービスの悪さの裏返しでもあり、逆に、高く売ることは品質やサービスの良さの保証なのです。**

今の税理士事務所が顧客からもらっている報酬は安すぎませんか？　税理士報酬には、サービスの質を維持向上させ、人員を増強して、従業員給与を引き上げ、事務所を拡大し、会計事務所が未来においても顧客にとって価値を保てるだけの利益が盛り込まれていなければならないのです。

税理士事務所の従業員が頻繁に変わる税法の知識をマスターするのには、最低でも2年間は必要です。２年間は使い物になりません。２年間の従業員の養成費用も織り込んだ税理士報酬をいただかなくてはならないのです。


しかし、いまだに20年前の金額の税理士報酬しか請求できず、売上低迷に呻吟している事務所のなんと多いことか。一方、大手の税理士事務所は高い単価をとることに腐心しており、見せ方の上手さで高い単価を獲得しています。

そもそも毎年最低賃金が６％も上がるなら、労働分配率が半分として、毎年３％の値上げがなければ同じ利幅は作り出せません。実際は社会保険料の増加もあるので、もっと値上げしないと企業として存続できないことは明らかです。

今は缶詰のサイズを小さくしたり、容量を減らしたりといった目に見えない値上げを大企業がこぞって行っている時代です。開き直って、堂々と値上げを進めている企業も多いです。

内部留保の少ない零細の税理士事務所こそ、生き残りを懸けて、どうすれば高い単価をいただけるか、値上げを行うことができるかを真剣に考える時代だと言えます。

税理士法を遵守してのビジネス

税理士は税理士法を遵守しなければなりません。常にこの意識をもって、ビジネスに取り組むことが絶対に必要です。いくらビジネスセンスがあっても、税理士法を遵守せず、税理士として懲戒処分を受ければ、意味がありません。

税理士法違反による懲戒処分は以下の3つです。

①業務禁止→　3年間資格剥奪。再登録を希望しても許可がされないとできない。
②業務停止→　2年以内の業務停止。期間経過後はすぐに税理士として活動できる。
③戒告　　→　注意処分（最近は出ていない）。

懲戒処分の数は年々増加傾向にあり、珍しいことではなくなってきています。さて、懲戒処分が出るとどういった不利益となるかですが、業務禁止になれば、もう税理士ではないので、まさに廃業となります。廃業となれば違う食い扶持を探さないといけません。

業務停止の場合は、個人事業主であれば、全顧問契約を一旦解除する必要があります。税理士法人に属していれば、社員税理士には懲戒処分期間はなれないので、２人で税理士法人を形成していれば税理士法人は解散となってしまいます。

３人以上であれば、税理士法人は存続しますが、自分は代表を外れ持分を他者に譲り、税理士法人の所属税理士となることになります。もちろん税理士法人からは追放される危険性もあるでしょう。

複数のライセンスを持っている場合も影響が出てきます。停止処分でも行政書士業務は不可、禁止ならば社会保険労務士業務および公認会計士業務は不可となります。

結論として、懲戒処分を受ければ、再起不能とまでは言いませんが、人生において多大なダメージを受けるのは間違いないです。

それでは、懲戒処分を受けないためには、何に気をつければよいのでしょうか？

まず、絶対にやってはいけないのが脱税幇助です。クライアントから、税金が払えないから赤字にしてもらえないか、そういう依頼が来ることがあるかもしれません。その瞬間にあなたは税務顧問契約を解除する、そのくらいの意気込みで臨んでください。税理士は、公正中立な立場です。絶対に脱税の手助けはしないようにしましょう。ライセンスあっての税理士ビジネスです。どんなことがあっても情に流されずプロとしての矜持を見せてください。

こういった脱税幇助は論外として、

（1）自己脱税（法第37条違反）
（2）多額かつ反職業倫理的な自己申告漏れ（法第37条違反）
（3）業務け怠（法第37条違反）
（4）帳簿作成の義務違反（法第41条違反）
（5）使用人等に対する監督義務違反（法第41条の2違反）

には、徹底して気をつけなければなりません。

当たり前のことを行う、凡事徹底。これが難しいのです。**税理士法遵守はビジネスの根幹**、常にこの意識を持ちたいところです。

また、税理士にも当然、税務調査は来ますから、その際に一切の不正を指摘されないように、明朗な経理を行うべきです。全て当たり前のことです。税理士というフィールドでビジネスするにあたっての交通ルールと考えてください。交通ルールがあるからビジネスとして成り立つのです。

毎月1回、税理士法に違反していないか自分の税理士事務所経営を振り返ってみることをお勧めします。私も緊張感をもって経営を行っています。自分だけでなく、従業員の行動にも目を光らせ、組織全体として真っ当な税理士事務所経営を行っていると胸を張れる状態を作っていきましょう。

コラム❶

業界誌を読もう

税理士の市場規模は約2兆円という巨大市場です。ですから、業界誌というものが多数あります。私も業界のトレンドを把握するため、多数購読しています。その中で読者に最もお勧めなのが、株式会社実務経営サービスが1999年から刊行している『月刊実務経営ニュース』です。

この『月刊実務経営ニュース』は、伸び盛りの税理士事務所経営者のインタビューが多数掲載されており、非常に勉強になります。表面的なインタビューではなく、その事務所の経営戦略まで詳しく取材されているので毎回、読み応えも十分です。

それだけでなく、先進的な取り組みで成功している事務所の見学会を多数企画しているので、私もよく参加させてもらっています。実務経営サービスの企画する事務所見学会の最もよいところは、フレンドリーに質問に答えていただけるところです。私も場の空気を読まず、いつもたくさん質問し、多くの気づきをもらって、事務所経営に活かしています。

実際に先日参加させてもらった見学会では、単価アップの具体的な手法を教えていただき、早速導入させてもらいました。これだけで、百万円単位の売上アップが実現できそうです。その他にも、自分では気づかない事務所経営の改善点を教えてもらっており、いつも満足しています。

先に、「情報は仕入れ」と書きました。ただ、漠然と入手するのはよくありません。できるだけよい情報を効率的に入手しましょう。この『月刊実務経営ニュース』は情報の仕入れに最適です。ぜひ読んでみてください。

第2章

集客戦術

都会編（東京・大阪・名古屋）

都会での開業をお勧めできない4つの理由

都会での税理士開業がお勧めできない理由は4つあります。

第一に、先述した通り、税理士1人あたりの人口という指標で考えた時、田舎の宮崎県では、税理士1人あたりの人口が約3000人、これが福岡県になると1500人程度、東京都の中心である港区、千代田区、中央区では、たったの60人になるとお伝えしました。**東京や大阪、名古屋の中心部ではライバルとなる税理士が多すぎるのです。**頭のよい税理士が雲霞のごとくいて集客に鎬を削っている状況と言ってよいでしょう。そのようなところで苦闘する必要はありません。

そもそも田舎の年収3000万円と都会の年収3000万円では価値が違います。田舎であれば、スーパー富裕層といっても過言ではありません。しかし、都会ではその程度の年収の人はゴロゴロいて別に珍しくもありません。田舎の富裕層の方が、都会の富裕層より富裕であるという感覚を実感できますし、心豊かに過ごせます。田舎の富裕層を目指してください。

第二に、**都会では人材の採用が困難**という点が挙げられます。成功するためには、人の雇用が不可欠です。この難易度が都会と田舎では大きく違います。

東京には４０００社近い上場企業が存在し、人手不足の中、あらゆる人材の獲得合戦を展開しています。また、税理士事務所から上場企業の経理職への転職というケースが非常に多く、せっかく社員を育てても、立派になったところで他社に引き抜かれるというケースが多発しています。そうなれば、損失は計り知れません。加えて、単に待遇の問題だけでなく、スキルアップしたいという理由での転職が多いのも都会での人員維持の難しいところです。税理士事務所は労働集約型のビジネスです。人が採用しにくく、辞めやすいというのは、この労働集約型の事業を軌道に乗せるのに大きな桎梏です。

第三に、**都会は家賃が高い**という点です。私が宮崎県で建物60坪、土地２２０坪の社屋を新築した時のローン返済は、元利で月25万円です。１坪あたりにすれば４２００円程度に過ぎません。しかし、都会でまともなビルのテナントを借りようとすれば、1坪あたり2万円を超えてくると思います。60坪を借りた時に家賃が月120万円となり、経営に大きな負担になることは火を見るより明らかです。

また、人を雇った時の交通費が高いのも難点です。定期代だけで1人あたり月間数万円も会社が負担することになります。これが田舎に行けば、ガソリン代が月額3000円、駐車場代もわずか月2000円という場合もあります。固定費は経営上、一番気をつけなければならず、その高さは経営を難しくさせます。


最後に、**都会ほど税理士報酬が低い**点です。税理士が多すぎるため、安値で薄利多売をしないとやっていけない人が多数いるので、その人たちに引っ張られて都会の税理士報酬は低廉となっています。都会で開業している弟子の税理士の中には、私の事務所の報酬表を見て、その金額の高さに驚く者も多いです。念の為断っておくと、別に弊社は高くありません。都会の税理士の報酬が低すぎるのです。

石原明先生が喝破したように、税理士報酬には、お客様のためにサービスの質を維持向上させ、人員を増強して、従業員給与を引き上げ、事務所を拡大し、会計事務所が未来においても顧客にとって価値を保てるだけの利益が盛り込まれていなければならないのです。

以上、４つの理由から**東京、大阪、名古屋の中心部での開業はお勧めしません。**これから開業するか開業して３年未満であれば、すぐに転居して、開業し直すべきでしょう。しかし、もはや開業して長い年月が経過し、多少の基盤があって転居できない読者や家庭の事情で転居できない読者のために、次節から、いかに都会での集客を成功させるかというノウハウを公開します。

また、田舎での開業や田舎への転居を決断した賢明な読者には、実際にどの都市で開業すべきかという答えを第３章で用意しています。

都会ではウェブ集客は諦めろ

開業15年以内で0名から100名規模以上になった税理士事務所のほとんどは、紹介による顧客獲得ではなく、ネットを使った集客で大きくなりました。一部にDMで成功した事務所もありますが、極めて少数です。弊社も12年間で職員数50名程度までの拡大しかできていませんが、顧客の半分以上はネット経由で獲得してきました。

2015年くらいまでは、ホームページを持っている税理士事務所は少なかったので、ホームページを持っているだけで、人脈以外で税理士を探す事業者の税務顧問を獲得するのは簡単でした。ホームページを持っているだけで電話が鳴ったものです。

やがてホームページを持つ者が多くなると、クリック広告というものが出てきます。これは簡単に言うと、YahooやGoogleといった検索ポータルサイトと、1クリックされると100円を支払うといった契約を結ぶと、そのポータルサイト内で自社のホームページを目立つ位置に表示され、エンドユーザーにクリックされやすくなり、自社サービスの宣伝ができるというものです。

最初は当時主流だったＹａｈｏｏ！広告によるクリック獲得合戦が始まり、ポータルサイトとしてのＹａｈｏｏ！が廃れてＧｏｏｇｌｅが全盛になるとＧｏｏｇｌｅ広告による競争が始まりました。１クリックあたりの広告単価は地域によって違うのですが、昔は50円程度だった地域も多かったのです。しかし、いまや東京では５００円を超え、１クリック１０００円を超えるキーワードもざらです。広告費が20倍になったわけです。でも、客単価は20倍どころか2倍にもなっていません。１・２倍程度です。

実は、すでに大手の東京の税理士事務所は広告費の高騰によりネット広告を使った集客を諦め、ＳＥＯという手段で自社の集客用ページをポータルサイト内で上位表示させてクリックさせる戦略をとっています。

ネットで集客したい事務所は誰しも無料のＳＥＯで自社ページを目立たせたいと思うはずですが、なんと大手のホームページはページ数が５０００（！）を超えるページもあり、ページの量と質とリンク評価が重要な要素となるＳＥＯ競争では絶対に勝てません。

このホームページ量産合戦は、昨今では、ChatGPTによるページ作成を行うものも出てきていて際限もありません。つまり、**アーリーステージで資本力のない事務所は、クリック広告をするお金は絶対に捻出できないし、手数の面でSEOでも大手に勝てるわけがないのです。**

勝ち筋は「アナログ戦略」にある

では、都会での開業を希望する税理士（有資格者）はネット集客ができないからと言って、大手の軍門に下り、開業を諦め、しがない勤務税理士サラリーマンとして生きていくしかないのでしょうか。

大丈夫です。勝負は資本力だけでは決まりません。視点の鋭さ、情報収集力、そして行動力で決まるのです。

キーワードは「アナログ」です。大手税理士事務所が一番弱いのがこのアナログなのです。アナログ集客とは人脈による紹介で顧客を増やすことです。これが実は大手は一番苦手です。なぜなら代表税理士以外はサラリーマン集団だからです。

大手の税理士事務所に所属している者のほとんどは、顧客を新たに獲得する意味がありませんし、気概もありません。自分の収入にダイレクトに反映されないからです。大手事務所は、たいてい代表税理士がネット集客や各種団体から顧客を獲得する仕組みを作るのに成功しています。代表税理士を除くほぼ全員は、そこから生まれる顧客を処理しているだけです。

大手の税理士事務所の代表税理士は組織の管理などに忙しすぎて、アナログ集客をする時間が取れません。経験上、30人以上の従業員を抱える税理士事務所の代表自体がアナログ集客をしている可能性はほとんどありません。

そこにこそ、都会で開業する税理士のブルーオーシャンが広がっているのです。

紹介作戦

チラシの有効活用

アナログ集客の王道は、紹介による税務顧問の獲得です。ではどうやって、その紹介を得るのか。

まずは、紹介を促すチラシを作るべきです。ココナラやランサーズといったフリーランスを集めたサイトで数千円もあれば、きれいでおしゃれなチラシが作れます。

チラシに書く内容ですが、それはずばり、「法人のお客様を紹介いただけたら5万円、個人事業主のお客様を紹介いただけたら3万円をプレゼントする」というものです。身も蓋もないなと思われた方もいらっしゃるかもしれません。解説していきます。

一度、税務顧問の契約を獲得すると、通常、５年間は顧問契約が続くことが多いです。例えば、年間税務顧問報酬が45万円のお客様を獲得すると、45万円×５年＝２２５万円という金額を得られる見込みが立ちます。割引現在価値などの概念は無視すると、５万円の紹介料を払っても２２５万円－５万円＝２２０万円の収入を確保できるのです。だから５万円なんて高くはありません。

では、このチラシを誰に渡すべきなのでしょうか。答えは、会える人全員です。

もう一回言います。会える人全員です。

税理士を探している人を紹介をしてくれたらお金をあげるという内容のチラシを渡して嫌がられることはありません。世の中にあるチラシのほとんどはお金をくださいというチラシです。だから無視される。しかし、このチラシはお金をくれるというチラシです。喜ばれるのは当然です。どんどん渡しましょう。できれば、権威付けのために多少厚めの紙に印刷するのがよいでしょう。

「あ」から電話をかけよう

もう1つ、とっておきの作戦を教えます。それは「あ」から作戦です。アドレス帳の「あ」から電話をかけてください。皆さんの携帯電話には何件の電話番号が登録されていますか。私は、371件でした。皆さんもきっと、少なくとも100件以上の電話番号はあるはずです。その全件に、税理士を探している顧客を紹介してくれたら5万円あげる旨の電話をかけるのです。

「ご無沙汰してまーす。今度税理士を開業するので、税理士を探している方を探していて、紹介してくれたら5万円あげるね。誰か知り合いいる?」

って、軽い感じで電話してみてください。全員に!

逆に、懐かしいあなたからの電話に喜んでくれる方もいると思います。電話だけでなく、疎遠になっている人には会いに行ってください。遠い場合はＺｏｏｍでも構いません。懐かしいあなたが窮状を訴えている。一肌脱ごうかという人が必ずいます。ぜひやってみてください。

だれでもできる「24時間３６５日営業」戦法

もう1つ、紹介をもらうにあたって必要なことがあります。それは、自分の差別化できるポイントのアピールです。これについては先述しました。何かあればよいのですが、アピールポイントがない場合は「フットワーク」。そして、もう1つの必殺技が「24時間３６５日営業」です。これは私が開業時にやっていたことです。

名刺やホームページに「24時間３６５日お電話ください！」と、別途購入した事業用携帯電話の番号を大書しましょう。**夜中や土日まで対応している税理士は極めて少ないのでそれだけで強烈な差別化です。**夜中に営業している病院や保育園のイメージです。夜にしか連絡できない人も世の中にはいます。そういう人からは大変ありがたがられます。

さらには「はがき」作戦で追い打ちをかけます。**紹介された方やしてくれた方、見込み客の全員に心を込めてお礼のはがきを手書きで書きましょう。**「あなた様の心尽くしに感謝いたします。私がお役に立てることがあればいつでも24時間365日お電話ください」という内容を書いておけば大丈夫です。

もう1つおまけです。はがきを書くにあたって、字は下手な方がよいです。字がうまいと嫌味に捉えられてしまって、逆効果です。

私はお礼のはがきに感動したと言われて紹介を受けたことが何度もあります。皆さんはお礼の手書きはがきを最近受け取りましたか？　受け取ってないはずです。手書きの文字こそ強烈な印象を与えるまさに「アナログ」なのです。大手がネット集客ならこちらは感情に直接訴える接近戦で勝負しましょう！　必ず勝てるはずです。

保険会社セミナー作戦

アナログ集客は自力集客だけではありません。ハブとなる事業者から紹介を得るやり方もあります。そのハブとはずばり保険会社と銀行です。まずは保険会社を使って紹介を得る方法を紹介します。

保険会社は、売りたい保険があります。そのために保険に加入してくれそうな方を集めたイベントを開催しています。皆さんも〇〇保険会社主催「相続対策セミナー」みたいなイベントを聞いたことがあると思います。それを利用するのです。

ずばり、**保険会社のセミナーの講師をするのです。**そうすれば、事業者や富裕層との接点ができます。接点ができれば、あとは税務顧問になりたいとセールスするだけです。では、そもそもどうやったら保険会社主催のセミナーの講師をさせてもらえるでしょうか。

簡単です。保険会社の営業マンにこう言うのです。「無報酬で御社主催のセミナー講師をして、御社の保険を売るサポートをしますので、セミナーを開催してくれませんか？」
何人かの保険の営業マンに声をかけてみれば、実際に動いてくれて、セミナーを開催してくれます。保険会社は保険を売る機会を常に作りたいと思っていますし、保険の営業マンはお客さんのところにセミナーの告知を名目に訪問できるので、セミナーの開催は保険会社にとってもありがたいからです。これにより自分では集客せずに、事業者や見込み客との接点ができます。

読者の中には、生命保険の営業マンの知り合いが全然いない場合もあるかもしれません。どうすれば効率よく生命保険の営業マンに会えるのか。それは、**経営者団体にたくさん入る**だけで解決です。ライオンズクラブ、ロータリークラブ、商工会議所青年部、青年会議所、中小企業家同友会に入れば、生命保険の営業マンはたくさんいます。その経営者団体内の会合や例会で知り合った、保険販売のきっかけを探している保険の営業マン全員に声をかければ、あっと言う間に保険会社主催のセミナー講師になれます。ちなみに、もう1つの方法として、自分の顧客が加入している生命保険の営業マンを顧客に紹介してもらう方法もあります。

さて、セミナー講師として、一番簡単な例が、外国株で運用するタイプの保険を推奨するセミナーの講師です。どういう保険かというと、保険としての保証はしっかりしつつも、保険金を預けっぱなしではなく、アメリカ株に投資していき、数年後に大きなリターンを狙うというような保険です。これから日本経済は人口が減少して成長できなくなっていきますが、アメリカ経済は人口の伸びとイノベーションから高い経済成長が期待されます。国力に劣る円の価値は落ちていき、アメリカ株は長いスパンであれば高くなっていきますから、必ずリターンはあるのです。これを税理士（自称経営の専門家）として、セミナー内で推薦するだけです。

このセミナーの講師をするのは難しいでしょうか。アメリカと日本の人口予測と経済成長率の予測、時価総額の高い会社の一覧表を見せるだけで、聴衆の全員が納得するはずです。簡単です。

セミナーでは保険を推奨するとして、どのようにそのセミナーに来てくれた方を税務顧問の顧客にしていくのでしょうか。

まずは、必ずセミナーの中で名刺交換の時間を作ります。その中で名刺を交換してくれた方には、「先日はご清聴ありがとうございました！　投資や保険、節税でお悩みの際は、いつでもご連絡ください。24時間365日お電話ＯＫ。税理士直通携帯番号〇〇〇-〇〇〇〇-〇〇〇〇」という内容の手書きのはがきを送ります。名刺をお持ちでない方には、主催者から名簿をもらって、はがきを送りましょう。経験上、必ず反響はあります。税理士の知り合いがいない方というのは、予想外に多いです。少なくともすぐに相談に乗ってくれる親身な税理士が身近にいる方はかなり少ないです。

セミナー参加者の方は、皆さんを立派な先生という意識ですでに見てくれていますから、お会いできれば税務顧問を獲得する商談はスムーズに進むでしょう。あとは、数です。もし10回のセミナーの講師をできれば、そこで100人単位の方と知り合いになれます。1000回のセミナーができれば1000人単位と知り合いになれます。1000人に手書きのはがきを送れば、皆さん方のスケジュールは大変なことになってしまうでしょう。

皆さんの悲鳴が聞こえるようです。「もう、新規のアポが多すぎる……」

保険会社同行営業作戦

次は、保険会社作戦の応用編です。保険会社で1回でもセミナー講師をやれば、保険会社の支店では、全営業マンが皆さんの名前ぐらいは知ることになります。そこから次のステップが始まります。セミナーを主催する支店の営業マンの営業を個別にサポートするのです。それによって、その営業マンが抱える顧客を紹介してもらえるようになります。

保険の営業マンは、事業をしている、もしくは富裕層への保険のセールスにあたり、そのクライアントの顧問税理士の妨害に遭っているケースが多いです。クライアントのためによりよい提案をしたのに、顧問税理士が反対して保険の加入がパーになった経験はほとんどの営業マンが持っています。

そこに紹介の種があるのです。先生方は、その営業マンに同行し、保険の加入のアシストを無料でしてあげるのです。第三者で、一般的には権威のある税理士が推してくる保険なら、クライアントも顧問税理士の反対があっても保険に加入してくれるケースは多いです。税理士は反対していないけど、加入を決めかねていて背中を押してほしいケースも多数あります。この同行営業が成功したらどうなるか。

営業マンは成績が出て、給料が上がるので、ものすごく税理士に感謝します。そうすれば、その保険の営業マンが抱えている顧客の顧問税理士を皆さん方に変更しようとしてくれます。なぜなら、さらなる保険の加入をアシストしてくれると見込まれるからです。

保険会社の支店には通常20名程度の営業マンが在籍しています。この20人に、「無料で同行営業しますから」と言ってみましょう！　20人が持つ顧客の顧問税理士が皆さんになったらどうなるか、想像しなくてもおわかりでしょう。すぐに顧問先１００件獲得です。

あとは、同じく「数」です。別の保険会社でもセミナーを行い、知名度を上げて同じように、支店の全営業マンに同行営業を願い出たら？　皆さん方の携帯電話は鳴りっぱなしです。もう集客で困ることはありません。おめでとうございます！　実は、顧問先獲得はこの保険会社を使う方法が一番簡単なのです。

保険会社の営業マンが抱える顧客の紹介を受けるだけではありません。同行営業するにあたり、実際にクライアントとも会っているわけです。保険の営業マン1人との同行営業が、週1回として年間52回、保険の営業マンが20人いたら、同行営業回数は年間1040回です。1040人の事業者もしくは富裕層とお会いできれば、確率の問題で相当な数の顧問先を獲得できるでしょう。クライアントとお会いした際には、必ずはがき作戦を行うのを忘れないでください。

また、皆さんの悲鳴が聞こえました。「もう新規のアポが多すぎる……」。

顧問先獲得は難しいですか？　私から言わせれば、戦略を練って、あとは手数。保険の営業マンに喜ばれて、クライアントにも喜ばれて、先生も顧問先が増えて喜ぶ。三方よしです。

でも、悲しい思いをする人もいます。顧問先を失った税理士です。その先生は、こういう保険会社を使った作戦があるという情報を仕入れなかったため、ガードが甘くなりました。夜郎自大な甘い自分を反省して、積極的に情報を仕入れて、逆の立場になりましょう。

情報を仕入れたものが勝つ。これが税理士業界です。この本の読者は情報の仕入れを行っているので、必ず顧問先獲得競争に勝てると思います。

ただ、この保険会社作戦には注意点があります。保険の営業マンから紹介なので、常にその保険の営業マンの利益を考えてあげなくてはなりません。皆さん方がよりよい保険の提案をしてあげたいという時には、この営業マンに相談してから進めるようにしてください。この顧客はどの保険会社の営業マンからの紹介なのかをきちんとＥｘｃｅｌで管理しておくと安心です。

補助金作戦①

保険会社の次は、大型補助金を絡めて銀行に動いてもらい、顧問先を獲得する作戦です。銀行は融資を出すのが仕事です。そして、多数の既存融資先の名簿を持っています。一方、税理士事務所は見込み客と知り合いたいと思っています。それを橋渡ししてタッグ営業させるためのツールが、「大型補助金」なのです。

大型補助金とは、融資を必要とするほど大きな額の補助金です。具体的には過去の事例ですと、**事業再構築補助金とものづくり補助金**です。

ある回の事業再構築補助金の概要は以下の通りです。

例えば、成長分野進出枠で３０００万円の補助金が出た場合は、自己資金で新規事業を行う事業者は少ないので、一旦銀行から６０００万円を10年返済の設備資金として借り、補助率半分の補助金が出た段階で３０００万円を返済するという形になります。

図2　事業再構築補助金の一例

事業類型の概要		
事業類型	補助上限額（※従業員30人の場合）	補助率
成長分野進出枠（通常類型） ◎ポストコロナに対応した、成長分野への大胆な事業再構築にこれから取り組む事業者向け ◎国内市場縮小等の構造的な課題に直面している業種・業態の事業者向け	3,000万円（※4,000万円） （一部廃業を伴う場合 2,000万円上乗せ） ※短期に大規模な賃上げを行う場合	中小1/2（※2/3） 中堅1/3（※1/2） ※短期に大規模な賃上げを行う場合
成長分野進出枠（GX進出類型） ◎ポストコロナに対応した、グリーン成長戦略「実行計画」14分野の課題の解決に資する取組をこれから行う事業者向け	中小：5,000万円（※6,000万円） 中堅：1億円（※1.5億円） ※短期に大規模な賃上げを行う場合	中小1/2（※2/3） 中堅1/3（※1/2） ※短期に大規模な賃上げを行う場合
コロナ回復加速化枠（通常類型） ◎今なおコロナの影響を受け、コロナで抱えた債務の借り換えを行っている事業者や事業再生に取り組む事業者向け	2,000万円	中小2/3 中堅1/2
コロナ回復加速化枠（最低賃金類型） ◎コロナ禍が終息した今、最低賃金引上げの影響を大きく受ける事業者向け	1,500万円	中小3/4（※2/3） 中堅2/3（※1/2） ※コロナで抱えた債務の借り換えを行っていない者の場合
サプライチェーン強靱化枠 ◎ポストコロナに対応した、国内サプライチェーンの強靱化に資する取組をこれから行う事業者向け	3億円（※5億円） ※建物費を含む場合	中小1/2 中堅1/3

つまりは、**事業再構築補助金が1件通れば、銀行は3000万円程度の融資が可能になるのです。**

また、ある回のものづくり補助金の概要を見てみましょう。

ものづくり補助金でも同じように、例えば8000万円の補助金が出れば、総工費は1・6億円となるので、銀行はなんと8000万円もの融資を出すことができるのです。

ということはつまり、銀行員は事業再構築補助金やものづくり補助金案件を既存融資先に促してどんどん作りだせばよいと思いませんか？　それができないのです。で

図3　ものづくり補助金の一例

支援枠・類型の概要				
	生産プロセス改善等の取組	製品・サービス開発の取組		海外需要開拓等の取組
	省力化（オーダーメイド）枠	製品・サービス高付加価値化枠		グローバル枠
		通常類型	成長分野進出類型（DX・GX）	
要件	省力化への投資	製品・サービスの高付加価値化	DXやGXに資するもの	海外事業の拡大・強化に資するもの
補助上限	750万円～8,000万円	750万円～1,250万円	1,000万円～2,500万円	3,000万円
補助率	1/2 ※小規模・再生事業者2/3 ※1,500万円までは1/2、1,500万円超える部分は1/3	1/2 ※小規模・再生事業者2/3 ※新型コロナ加速化枠は特例2/3	2/3	1/2 ※小規模2/3

きない理由は次の通りです。
①補助金書類を作成する時間がない
②ノウハウがない
③採択（合格の意味）されなかった時に、怒られ、信用を失う
④採択されなかったら、今まで投下した時間が無駄
だから、銀行員はある事業者が補助金獲得を思いついたとしても、難しい申請書類を作成し、首尾よく採択されて、融資の申し込みをしてくれるのを待っているしかできないのです。ここに、私たち税理士のビジネスチャンスがあります。

補助金作戦②

仕組みとしてはこうです。仮に、総工費6000万円のプロジェクトで、補助率が2分の1（3000万円）としましょう。

①融資が必要な大型補助金の情報を収集し、チラシを税理士が準備
②税理士が銀行へチラシを持参して、融資をしたい銀行とともに補助金を受けたい法人を発掘
③総工費6000万円の補助金の事業計画書を、税理士が事業者から詳細をヒアリングした上で、その作成をサポート
④首尾よく採択
⑤顧客からサポート成功報酬を税理士がもらう（例　補助金3000万円×10％＝300

万円）
⑥補助金を提案できない税理士から税務顧問を奪うないしは、強固になった関係を活かしセカンドオピニオンや経営顧問として入り込む
⑦銀行が６０００万円の融資を実行
⑧その資金が使われて事業が行われる
⑨補助金が３０００万円出る
⑩事業者は６０００万の借入金の内３０００万円を銀行に返済
⑪実績の報告サポートを5年にわたって行う（顧問にするチャンス）

これにより、税理士事務所は３００万円の一時金と税務顧問を得ることができるのです。

夢のような話ですが、次のような課題があり、それをクリアする必要があります。

①銀行に人脈がない
②融資を必要とするほどの大型補助金の情報がない
③営業用のチラシがない

④大型補助金の内容を理解できていないから、プレゼンできない
⑤補助金の事業計画書の作成サポートができない
⑥実績の報告サポートが面倒
⑦そもそも疑問が湧いた時に相談する先がない

開業したての税理士にはハードルが高いです。そこで前記の問題を解決する方法を「会計事務所　売上1億突破本気塾」で教えています。自分だけでサービスをやりきれないと思う読者は、巻末のQRコードからお問い合わせください。「会計事務所　売上1億突破本気塾」では、次のソリューションをすでに準備しています。

①銀行に人脈がない
→どうやって、営業対象となる支店担当者を増やすかをレクチャー
②融資を必要とするほどの大型補助金の情報がない
→大型補助金情報を弊社で入手
③営業用のチラシがない

↓きれいなチラシを準備
④大型補助金の内容を理解できていないから、プレゼンできない
↓大型補助金の内容をわかりやすく解説した動画を作成
⑤補助金の事業計画書の作成サポートができない。サポートするノウハウ・時間がない
↓類似の業種の採択事例をプレゼント
⑥実績の報告サポートが面倒
↓弊社でサポートを代行
⑦そもそも疑問が湧いた時に相談する先がない
↓実績十分なベテランが相談に乗る

このサービスで、補助金サポート報酬と優良な税務顧問先を獲得しましょう。

業種特化作戦

第2節で、都会ではネット集客は諦めたほうがよいとお伝えしましたが、抜け穴があります。それは業種特化作戦です。都会では、とにかく税理士の数が多すぎて、例えば、難しい税金の申告ができますとかでは、差別化は不可能です。しかし、都会の利点はとにかく法人や個人事業主の数自体が多いことです。

そこで、ある業種に強い税理士として宣伝することで差別化し、集客する方法があります。では、業種とは具体的には何でしょうか。山のようにありますので、見ていきましょう。

■ホテル特化
・旅館
・普通のホテル
・高級ホテル
・レジャーホテル
・カプセルホテル

■病院特化
・外科
・内科
・整形外科
・小児科
・泌尿器科
・耳鼻科
・眼科

■動物病院特化
・犬
・猫
・それ以外
・昆虫

■歯科特化
・小児
・矯正
・インプラント
・ホワイトニング

■飲食店特化
・タイ料理
・ベトナム料理

- フランス料理
- 創作料理
- アメリカ料理
- ドイツ料理
- スペイン料理
- 中華料理
- 和食
- 韓国料理
- ラーメン
- 焼き鳥
- エスニック料理
- ワイン酒場
- イタリアン
- 洋食
- すし

- 焼き肉
- そば
- 居酒屋
- バー
- カレー
- ステーキ
- ハンバーグ
- シーフード
- オイスターバー
- オムレツ／オムライスレストラン
- 喫茶店／コーヒー専門店
- フルーツパーラー
- ベーカリーカフェ
- 甘味処
- ジューススタンド

●ホームデリバリー
●立ち飲み

■美容院特化
●カラー専門
●エクステ専門
●髪質改善専門
●カット専門
●理容院

■サロン特化
●ボディエステサロン
●フェイシャルエステサロン
●脱毛サロン
●リラクゼーションサロン
●ブライダルエステサロン・
●デトックスエステサロン
●メンズエステサロン

■整体特化
●一般的なもみほぐし
●美容整体
●鍼灸

■スクール特化
●学習塾
●ヨガ
●ピラティス

■**福祉特化**

- 就労移行支援
- 就労継続支援A型
- 就労継続支援B型
- 就労定着支援
- 放課後等デイサービス
- 有料老人ホーム
- 訪問介護
- 訪問看護
- デイサービス
- グループホーム
- 小規模多機能
- サービス高齢者住宅

ここで1つの疑問が出てきます。経験がないのに、特化を名乗れるのかです。心配ありません。**1社でもその業界の会計処理の経験があれば特化を標榜することはできます。**なぜなら皆さん方は、税務や会計の知識ではクライアントを圧倒しているからです。あとは、知識の浅い専門分野をこれからしっかりと学んでいけばよいのです。今、経験がないのであれば、「無料で経理処理および税務申告を行います」とネットで募れば、すぐに依頼が来て経験が積めます。損して得取れです。

では、もし仮に、「美容整体専門税理士」になるとします。まずは、業種特化税理士としてのホームページを作成する必要があります。先ほど、都会ではネット広告による集客が難しいと述べましたが、業種特化作戦の場合は別です。ライバルは激減し、広告による集客も望めます。美容業一般というサイトを作成するのではなく、**美容整体専門と絞り込む**べきです。都内でも美容整体専門税理士は５人もいないでしょう。

ここまで絞り込めば、Ｇｏｏｇｌｅ広告やＹａｈｏｏ！広告で特化事務所として広告を流してもライバルが少なすぎるので、問い合わせは出てきます。ただ、待っているだけでは時間の無駄です。行動を起こしましょう！

特化事務所としての知名度を上げる必殺技を教えます。それは、東京ビッグサイトなどでよくある業界フェアに行き、特化税理士事務所と書いた名刺を配りまくることです。できれば、特化税理士事務所としてブースを出したいところです。そこまで目立てば、その業界の専門誌からお声がかかり、専門誌に連載を持てるかもしれません。お声がかからなければ、専門誌に直接、特化税理士としてアピールしてください。

巷の税理士に経営センスはほとんどありませんので、このようなテクニックで出し抜くこともできるのです。

外国人特化作戦

特化の一種で外国人に特化する作戦があります。円安の今、多くの外国人が日本国内で法人を持ち、事業を行っています。しかし、言葉の壁により、親身になってくれる税理士がいないという問題点を抱えている方が多いです。そこを狙うのです。このやり方で成功している税理士も弟子にはいます。

この作戦は、語学に堪能でないといけませんが、ライバルはほとんどいないブルーオーシャンです。皆さんは今からアラビア語をマスターしようと思いますか？　絶対思わないでしょう。だから穴場なのです。

ここでの注意点は、**多くの日本人がアレルギーを持つアルファベットでない言語にすべき**という点です。日本に在留する人数が多く、かつ、言語のマスターが難しい言語を狙っていきましょう。

おすすめ言語としては、中国語、ベトナム語、ネパール語、タイ語、アラビア語、アルファベットではあるがインドネシア語が挙げられます。

税理士になることができる人は、２年も勉強すれば相当その言語を話せるようになるはずです。オンラインの語学学習サイトで勉強すればＯＫ。プチ留学するというのも面白いでしょう。気をつけなければならないのは、**語学をマスターするのではなく、その言語の会計処理とか税務処理、経済など、仕事に直結する分野に絞って勉強することです。**英語をあれだけ勉強しても細かいニュアンスが表現できないように、勉強しだすときりがないので、専門分野だけ覚えればよいのです。

語学を専門分野だけマスターしたら、あとはネットで宣伝です。でも、日本人がよく見るサイトを外国人が見ているわけではありません。どんなサイトを外国人が見ているのか、そのサイトにどうすれば広告を出せるのか。それは外国人に聞けばよいのです。

外国人と友達になるサイトで、お金を支払うから教えてと募集をかければ、すぐに親切に教えてくれます。なんでもかんでもググればよいというものではありません。実際に人から聞くのが一番ということもあります。

もし皆さんが極めて難しいといわれるアラビア語をマスターし、アラブ特化税理士となって、ネットで宣伝を行ったり、アラブ人が多く来るお店にチラシを置いてもらったり、アラブ人フェアに行って宣伝ブースを出したりしたら、電話は嫌になるほど鳴るでしょう。アラビア語に堪能な税理士を私は一人も聞いたことがありません。

個人的には、中国人の特化がやりやすいのではないかと思います。中国人は富裕層や日本国内で事業を行っている人数が他の国に比べて段違いに多く、ビジネスチャンスが豊富です。税務申告や経営相談の需要に対して、供給が極めて少ないマーケットです。中国語をマスターしなくても通訳を雇えばよいという考えもありますが、自分が話すことができれば最強です。まずは、大学院生などをバイトで雇いながらビジネスをスタートし、ゆくゆくは自分も話せるようになるべきでしょう。
また、税理士は行政書士にもなれますから、行政書士登録を行って、在留許可を扱えば、人脈は一気に広がり、会社設立や税務の依頼は必ず来るでしょう。在留許可もできる税理士も極めて少ないので、金額も高く取りやすいです。

残念ながら、日本の国力はどんどん衰退し、外国人が経済の中で重きをなす時代になってきています。その傾向はさらに進むでしょう。ですから、日本に来て経済活動を行う外国人の数はどんどん増えていきます。一方、英語以外の語学に堪能な税理士の供給は極めて少ないので、絶対にブルーオーシャンです。

この外国人特化作戦は、地方では成立しません。外国人の数が少ないからです。都会の税理士でどうしても食えない方は、ぜひこの手法を考えてみてください。たった2年の勉強で、集客に困ることはなくなると思います。

経営コンサル作戦

この章で述べてきた手法の実践により、顧客はある程度はとれると思います。そこから紹介の輪をさらに広げるために、経営コンサルをやってみましょう。これは、ある程度規模が大きく、悩みがあって真面目な会社経営者に1年限定で経営のアドバイスを行うというものです。以下の論点で、会社経営者に毎月アドバイスを行います。

- 安心して決断するための意思決定の基準づくり
- 社長のビジョンを組織的に達成するための事業計画立案
- 収支、資金残、借入の未来数値の見える化によって、早めに手を打てる体制づくり
- 部門別の利益を増やすための採算検討体制の構築
- お金の心配をせずに本業に集中できる体制づくり

- 新規事業投資の成功可能性を上げるための体制づくり
- 銀行との付き合いを円滑にする対応助言
- 事業を成長させるための補助金支援
- 合算BSを作り、個人と法人全体の財産を把握
- 必要預金残という切り口で、固定費の3カ月分の必要預金を一緒に考え、把握する
- いざという時に、お金が借りられる決算書づくり
- 成長している企業の共通点をお伝えして、キャッチアップさせる
- M&Aを成功させるために、売りやすい会社にしていくサポート

前記の論点でアドバイスができればよいのですが、自信がない方もいらっしゃるかもしれません。その際の必殺技を教えておきます。それは、**経営課題をお客様から出してもらって、一緒に考える**のです。さまざまな経営課題が出てくると思います。例えば、売上が上がらない、単価が低い、利益が出ない、仕入れ代金が高い、人が雇えない、経理が滞りがち、儲かっているのかどうか数字で見えていないなど、たくさん出てくるはずです。

この課題と向き合って、一緒に共同作業でベターな解決策を見出していきましょう。素

人考えでもよいのです。岡目八目です。第三者の意見はとても斬新で核心をついている場合もあるのです。少なくとも解決のヒントは、出てきます。その過程で、皆さん方への信頼度は高まりますし、値上げもできると思います。

ここからが重要なのですが、これら**コンサルは1年で終わると告げて、1年で社長を独り立ちさせるという前提で行うのが肝要**です。そうすることで緊張感がお互いに出てきてさらに成果が出ます。成果が出れば、顧客や周囲の社長に成果を宣伝して顧客獲得のチャンスが広がります。

この際、あえてコンサル料は無料としましょう。その代わり、年間に税務顧問報酬がある程度高くとれる、規模感のある事業者の紹介をぜひくださいとお願いするのです。毎月教えてもらうのに無料だと、向こうも負い目を感じるので、紹介が出てきます。

真面目な経営者の知り合いは、真面目な方が多いです。経営コンサルを受けてまで、経営を良くしたいという社長の周りには、たくさんの経営を良くしたい社長がいます。それらの社長も救いたいという思いをお客様に伝えれば、あっという間にたくさんの経営アドバイスの依頼が飛び込んでくるでしょう。

経営は、規模が大きくなればなるほど、経営者の悩みや迷いは増加していきます。伸びている経営者ほど悩みます。一緒に解決する中で、皆さんの事務所も業績を伸ばす、そういう好循環を作ってください。

コラム❷

単価を上げるための保険活用術

経営にはさまざまな事故がつきものです。経営者自身の病気、事故、けが、地震、台風、水害、風評被害、感染症など、リスクだらけです。そのリスクに備えることも重要な経営の一部。税理士たるもの、きちんとリスクをカバーする保険を経営者に提案したいものです。ご提案が受け入れられて保険の加入となれば、保険会社から手数料がもらえて、客単価が上昇することになります。

さて、保険を税理士事務所が取り組むにあたり、保険の代理店になる方法と保険の代理店に顧客を紹介する方法の2つがあります。アーリーステージの税理士事務所経営者は、後者を選んでください。具体的には、「ほけんの窓口」のような全ての生命保険、損害保険を販売できる総合代理店に見込み客を紹介するという方法になります。

総合代理店に紹介するメリットは、次の通りです。

総合代理店に紹介するメリット

・ノルマがない
・研修がない
・顧客ごとの保険の管理をしなくてよい
・返戻率のピーク管理をしなくてよい
・保険の新商品を覚えなくてよい
・事故対応をしなくてよい
・生命保険も損害保険も、全ての会社の保険を売れるから、最安値の保険提案ができる。顧客のためになるから自信を持ってお勧めできる。

総合代理店に紹介するデメリット
・保険の手数料率が、自社で直接やるより低い
メリットの方が圧倒的に多いので、総合代理店に見込み客を紹介するという方法で経営者のリスク低減に努めてください。

第3章

地方編（東京・大阪・名古屋以外）集客戦術

年収3000万への最短ルートとオススメ都市

会計事務所をこれから開業するにあたり、一番重要なのは、開業場所の選定です。ここで、これからの事務所経営が楽勝となるか茨の道となるかが決まります。これから開業を希望する方は、心して読んでください。

ランチェスター戦略の神髄は、勝ち易きに勝つことにあります。多くの税理士事務所経営者を指導してきた経験から、地方都市での開業の難易度は、東京の都心における開業の10分の1程度とはっきり言えます。

数字上の根拠もあります。それは開業税理士と勤務しているサラリーマン税理士の比率です。東京都心における開業税理士とサラリーマン税理士の比率は約1：9、逆に田舎、例えば宮崎県の開業税理士とサラリーマン税理士の比率は約9：1となっています。

同じ税理士資格を持つ者が、一方では9割がサラリーマンでしか生計を立てることができず、なぜ田舎では9割が開業してやっていけるのでしょうか。それは、田舎だと税理士の数が少ないので競争しなくても顧客を獲得しやすく、経営がしやすいからです。ただそれだけです。

実は、田舎では税理士が町や村に1名もいない自治体は多数存在しています。そこで仮に税理士が一人もいない町や村で開業して、全部の事業所や家に「税理士です。開業しました!」というチラシをポスティングしたらどうなるでしょうか。

あなたの電話は鳴りっぱなしになります。逆に、東京都港区で開業して「税理士です。開業しました!」というチラシをポスティングしたら? クレームの電話が数件来るだけでしょう。**悪いことは言いません。田舎で開業するのがベター、いやベストなのです!**

詳しくは後述しますが、田舎では多少のサービスラインナップがあれば、ネット広告やDMを送付するだけで十分な差別化になり、簡単に勝てます。田舎では珍しいサービスを展開する税理士の存在自体が差別化の要素となるからです。

絶対に成功したいなら、この地域で開業しよう

開業するにあたり、狙い目の都市とは、ずばり**県庁所在地もしくは人口30～60万人の商圏がある都市**で、**ネット集客に熱心な税理士事務所が少ない所**です。
候補地は以下です。

旭川、函館、青森、盛岡、山形、いわき、郡山、高崎、富山、つくば、水戸、宇都宮、所沢、埼玉の熊谷方面、房総半島、柏、市川、相模原、藤沢、山梨、知多半島、春日井、長野、岐阜、福井、浜松、倉敷、福山、島根、鳥取、山口、四国全部、久留米、大分、長崎、沖縄で那覇市以外、離島全部。

これぐらいあります。意外と多いとお感じになりませんか。ネット集客に熱心な税理士事務所が多いかどうかは、ネット検索で調べてください。それほどいないはずです。開業

を考える先生方には、ぜひ都会での開業はやめて、これらの都市に飛び込んでほしいです。吉と出る自信があります。少なくとも東京の港区で開業するよりは100％有利です。

では、一方、人口が30万人未満の商圏での開業だとどうなるかですが、これは残念ながら顧客となる数自体が少ないので、だめではありませんが、成長スピードが遅くなってしまいます。釣り人はほぼゼロだが、魚も少ないといった状態です。実際に私も人口が10万人程度の市で開業した後、成長スピードの限界を感じて、人口40万人弱の県庁所在地である宮崎市に移動しています。

実は、都会出身者が、縁も所縁もない地方で開業するというのは他の士業でも多いのです。一番多いのが司法書士です。宮崎県には関西出身の司法書士が多数います。なぜ宮崎か。考えていることは同じです。彼ら曰く「関西より食えるから」。それだけとのことでした。

ライバルがいない、もしくは少ないオススメ都市で悠々と年収3000万円を目指しましょう。

経営者団体加入作戦

私が地方での集客で最もお勧めするのは、ネット集客ではなく経営者団体への加入作戦です。加入すべき経営者団体としては、商工会議所青年部（ＹＥＧ）、青年会議所（ＪＣ）、中小企業家同友会、ライオンズクラブ、ロータリークラブが考えられます。

私自身は、商工会議所青年部ＹＥＧに入会して、顧客獲得のスタートダッシュに成功しました。開業当時は34歳でした。東京に13年いた私は、もはや田舎の宮崎には知り合いがほとんどおらず、とりあえず同世代の経営者と接するチャンスが欲しいと考えました。また、地方には若い世代の税理士が極めて少なく、若い経営者にはフットワークの良さで関心を持ってもらえるのではないかと期待していました。

そこで45歳以下が加入できるＹＥＧの門を叩いたのです。40歳以下が加入できる青年会議所を選ばなかったのは、毎月の例会出席の縛りが厳しいのと、予想される多額の会費が賄えないという理由からでした。中小企業家同友会、ライオンズクラブ、ロータリークラブは、基本的にはＹＥＧやＪＣを年齢制限で卒業した者が加入する団体なので、これは後々入ろうと思っていました。

知り合いが一人もいないＹＥＧに入会した私は、とにかく毎月行われる例会には全て参加し、地域のお祭りにもボランティアとして積極的に参加しました。祭りを盛り上げるためにピザ屋の屋台を出店して、ピザを売っていたのを覚えています。

そうする中で、同世代の経営者の知り合いがどんどん増えていきました。そして入会２年目には、ＹＥＧの役員に推薦されました（役員は多忙なので、会務に熱心な者は必ず推薦されます）。

そこから、紹介ラッシュが起きたのです。**紹介が紹介を呼び、この手法だけで30件の優良顧問先をわずか2年で獲得することができました。**しかし、役員はかなり多忙ですので、注意が必要です。しかも１回やるとまたお声がかかってきて、ずっと役員をやると最終的には地域のＹＥＧの会長にまでなってしまう場合もあります。会長にまでなると全国で行われるイベントなどにも参加義務が発生したりして、本来の業務どころではなくなってしまいます。

私は、2年ほど役員をさせていただいて、その後、事務所を遠方に移転した際に、活動できなくなったので退会させていただきました。多くの友人ができたし、顧問先も増えたのでこの手法はお勧めです。


年齢制限にひっかかる方には、中小企業家同友会かライオンズクラブをお勧めします。中小企業家同友会は、経営の勉強会です。ここで役員をやることで人脈を増やしている税理士はたくさんいます。ライオンズクラブは、資金力がある会社経営者のボランティア団体です。私も1年ほど活動させていただきました。ロータリークラブは地域の名士が集まる会でJCの卒業生が多く、例会の出席も厳格で費用も多額にかかるので、加入する際はお気をつけください。

自分の事務所や自宅の近くに複数の経営者団体が存在すると思いますが、その時に選ぶ基準は、規模の大きい団体を優先して加入することです。十数名の団体では、知り合える数に限界があります。少なくとも50名以上がいる経営者団体を選んで、役員になって、熱心に活動してみてください。驚くほど紹介が増えてくると思います。

しかし、この活動は会の中で偉くなると、全国各地のイベントに参加しなければならないだけでなく、外国でのイベントへの参加を要請されたりもします。こういう活動をやり過ぎて本業に支障が出たり、離婚したりということでは本末転倒です。あくまでも目的は顧問先の獲得、それを忘れずに。

経営という点を離れて考えれば、人脈を広げたり、人生の幅を広げたりできるので、本業が安定していてその活動が好きなら、とことんやってみるのもよいのかもしれません。

会社設立作戦

地方におけるネット集客において最も簡単なのが、会社設立を安くできることをアピールするサイトの作成です。通常、株式会社を設立する場合、司法書士手数料や登録免許税などがかかり約35万円、合同会社の設立でも20万円が必要となります。それを安くする工夫によって、会社を安く作りたい創業希望の新規顧客を集めることができるのです。その方たちには顧問税理士がいません。だから、税務顧問を獲得しやすいです。サイトはＧｏｏｇｌｅ広告やＹａｈｏｏ！広告で宣伝しましょう。地方であれば、広告費はそれほど高くなく、ペイできます。

さて、ではなぜ通常より安く会社を作成できるのでしょうか。

会社の設立費用は、収入印紙代、定款認証代、登録免許税、定款作成代金（司法書士手

数料）に分けられます。税理士は行政書士資格を自動的に登録できるため、行政書士として会社の定款を自前で作成することで、司法書士手数料を節約できます。また、電子認証という手続きを経ることで紙を使わなくて済むので、紙で法務局に申請する場合に必要な収入印紙を節約できます。これが安く済ませるコツです。

安さというのは圧倒的な強みです。どんどん工夫して、会社設立費用の最安値を目指して顧客を誘引してください（今後、長期間にわたっていただくことになる税理士の顧問料は安く契約しないようにしましょう）。


ここで注意点として、**税理士顧問契約を首尾よく結べることになったら、契約期間を長くするように心がけてください。契約期間は長ければ長いほどよいです。**経営を安定させるために、3年契約はほしいところです。解約が起きにくくなるからです。たとえば、次のようなトークで3年契約に持ち込んでみてはいかがでしょうか。

「会社設立を格安でやるので弊社は人件費分赤字です。ですので、顧問契約を3年契約でお願いできませんか？」

契約条項に3年以内の解約は2年分の違約金をいただきますと記しておけば、安心です。

ホームページに入れておきたい4つの要素

ホームページ内では、顧客の興味を引く仕掛けをたくさん作りたいところです。次のような仕掛けをホームページ内に設置しましょう。

①会社設立の流れや後述する創業融資の獲得サポートサービスを行っている旨のＹｏｕＴｕｂｅ動画をはめ込む
②補助金、助成金の獲得サポートができる旨のアピール
③記帳の代行をやりますというアピール
④代表税理士の写真とメッセージの掲載

①のＹｏｕＴｕｂｅ動画のホームページ内におけるはめ込みですが、見る方は動画で税理士の人となりがわかるので、問い合わせが来やすくなります。問い合わせは、メールフ

ォームだけでなく、会社で1個ＬＩＮＥの公式アカウントを取得しておき、ＬＩＮＥでの問い合わせを可能にしておくとさらによいです。
②は特に最近、需要が多いです。自分でサポートが難しい場合や時間がない場合は、お知り合いの社会保険労務士さんや行政書士さんにお願いするのも手です。必ず受けられるわけではない補助金に対して、助成金は要件が合えば１００％獲得可能です。キャリアアップ助成金、業務改善助成金などの待遇改善系の助成金のサポートが簡単です。
③の記帳代行とは、会計ソフトへの入力や帳簿作成業務を代行するサービスのことを指します。事業を行っている以上、領収書や請求書などの数字を会計ソフトへ入力する作業は必ず出てきます。しかし、この作業を経営者がやっているとその間に売上が立たず、不採算です。そこで「月間2万円で、記帳代行を丸投げで受けます」というバナーなどで外注ニーズを引き出してください。
④として代表税理士の写真と起業家への熱いメッセージを掲載してください。どういう税理士が対応してくれるかわかれば、顧客は安心します。逆の立場で考えてください。代表税理士の写真は、美容院に行って髪をカットし、その日に街の写真館で撮影するとよいでしょう。

融資サポート作戦①

会社設立以外だと融資のサポートのニーズは極めて強いです。同じくホームページを作成してそのニーズを集めていきましょう。融資のサポートには、起業家向けの創業融資のサポートとすでに開業している方の融資サポートの2つのニーズがあります。

すでに開業している方の融資サポートは、本来であればその顧客の顧問税理士が行うべきなのですが、地方の税理士のほとんどは、顧客の経営状態に関心がないのか、融資のサポートをせず、ひたすら税務申告書類を作成しているだけなので、ネットで募集すると結構引き合いがあります。

融資サポートでは3％程度の手数料をもらうべきです。人件費として当然です。着手金はゼロとして、完全成功報酬制でやりましょう。その方が依頼の受注可能性が格段に高くなります。融資のサポートが成功すると、ほぼ100％税務顧問を獲得できます。

ホームページでは、次の仕掛けを入れていきます。
●緊急・高難度案件は「応相談」と書いておく
●最低報酬を書いておく
●ブラックリストに載っている客を弾く工夫
●創業融資の獲得サポートの流れを動画で説明（極めて重要）
●実績を列挙して、信頼を得る
●低金利が可能というアピール
●お客様の声
●代表税理士の写真とメッセージの掲載
２０００万円を超える融資や建物の購入、新築を必要とする融資は、難易度が高くなります。また、赤字企業への融資サポートの難易度も高くなります。この場合は、手数料を高く取ってもＯＫです。同じく、手数料に関してですが、１００万円というような低額の融資のサポートで3万円もらっても不採算となります。例えば、融資総額が500万円未満の場合は、最低報酬15万円と書いておいて、不採算案件を弾くことが必要です。
また、実際に融資のサポートサイトを運用するとわかるのですが、自己破産歴が直近5年間にあったり、携帯の購入で延滞歴があるなど、ブラックリストに載っている方からの問い合わせは非常に多いです。これらの方たちの対応はするべきではありません。
サイト内に「現在、ローン返済の遅延や延滞のない方のみお問い合わせください」と書いておくと防げます。顧客の選別を入り口で行うのが時間の無駄遣いを防ぐコツです。

テクニック的なことであれば、やはりネット集客では動画設置がかなり有効です。創業融資の獲得サポートの流れを動画で説明してあげると、動画内で雰囲気がつかめるので、お客さまが安心して申し込めるようになります。そして、融資サポート実績があれば列挙しておきましょう。信頼性が高まります。修行時代に少しでも融資サポートのお手伝いした経歴があれば、それも記載しておくとよいでしょう。

頭が痛い問題が金利の上昇です。金利は低ければ低いほどよいので、保証協会や自治体の制度融資などを勉強し、有利な制度を利用して低い金利が実現できることアピールしてください。

加えて、他のサイト同様、お客様の声の多さが、サイト集客が成功するかどうかを分けます。サポートしたお客様に頼んで、できるだけたくさんのお客様の声を集め掲載してください。

最後に税理士の写真とメッセージを掲載し、誰がサポートしてくれるかを記載することで、信頼感と安心感を出していきましょう。

融資サポート作戦②

会社の設立作戦では、設立をする際に税務顧問にしてもらうだけなので、特段のテクニックは不要です。しかし、融資のサポートでは、顧客に代わり銀行と交渉して、融資を獲得する必要があり、テクニックが不可欠になってきます。さて、どうやって行うべきなのでしょうか。

まずは、**電話やLINEで問い合わせを受けた際に、新規創業資金なのか、すでに事業を行っている企業の運転資金なのか、設備投資資金なのかを把握し、左記をチェックします。**

①新規創業資金のチェックポイント

- 法人または個人事業主のどちらで事業を行うのか

- 開業予定時期はいつか
- 業種
- 創業前の代表者の勤務・経験歴
- 自己資金（資本金）等の手持ち資金額、資産背景等
- テナント、事務所等開業する場所は決まっているか
- 設備投資がある場合、見積書の手配、店舗入居費用の見積書の手配
- 元本返済は1年後からとすることが可能な融資が多いので、2年目から返済開始とする

以上を確認した上で、5年間の事業計画書を、ヒアリングを元に作成します。

②既存企業の運転資金のサポート対応

- 昨年1年間の月次売上（月次推移表）実績をもとに、今期の月別・売上収益の見込表を作成
- 建設業の場合は、受注工事一覧表を作成

・1年以内に返済する短期運転資金を借りるのか、7年返済等の長期運転資金かを判別
・長期の借入では、直近決算の償却前税引後利益＞年間元金返済額合計になるようにします

③設備投資資金サポートの対応

・設備資金融資を受けるには、見積書が必要であることを説明（備品等はネットからの購入も多いので、ネット画面の印刷でも可）
・金額が数千万円単位の場合は担保提供も必要
・融資での全額調達が困難な場合は、一部リース等も視野に入れながら対応します

前記を確認したら、事業計画書を顧客と一緒に作成し、地方銀行や政策金融公庫に融資を申し込むことになります。この際、**地方銀行に申し込むのがコツ**です。メガバンクは売上が小さい事業者は相手にしませんし、信用金庫は税理士が税務顧問のターゲットとする事業者よりも、もっと零細の事業者を相手にしているケースが多いからです。

地方銀行へ融資を申し込むと、都道府県信用保証協会が保証人となる保証協会付融資になるケースが大半です。この際に保証協会に保証人になってもらう対価として保証料を払う必要があります。しかし、この保証料を肩代わりしてくれる制度が多数あるので各制度融資をホームページで把握しておくとよいでしょう。

最後に１つ、融資サポート成功へのアドバイスを贈ります。自分で政策金融公庫と最寄りの地銀支店から１００万円でよいのでお金を借りておくと、融資サポートがスムーズに進みます。融資を受けると、金融機関にとってはお客様となり、担当者がつくので、その方を経由して顧客の融資の申し込みをすれば、話が通りやすくなります。ぜひやってみください。

税務調査サポート作戦

税務署による税務調査が来て困っている方を救って顧客にしてもらう作戦です。世の中には、自分で、もしくは、青色申告会やＪＡで確定申告書を作成している方が大勢います。その方たちにも当然税務調査がやってきます。そうなるとどうなるかですが、税理士が確定申告書を作成したわけではないので、内容が適当だったりすることが多く、その場合は多額の追徴税額が発生します。

また、税務調査は自宅で行われることが多く、大変なストレスになりますし、調査開始から終了まで約2カ月を要し、事業に差し障りが出るケースもあります。

税理士は、税務調査があった際に納税者の代理人となることができます。**税理士が税務調査が起きた際に代理人になってくれると、税務署との交渉を税理士がやってくれるのでストレスが大幅に軽減されます。**

税務署に納税者の言い分を公正中立な立場で伝えてくれるのも大きなメリットです。税務署はあくまで第三者なので、事業の全てを把握することは不可能です。そのため税務署の見解と納税者の見解が違うことは頻繁にあります。例えば、この領収書は経費として認められるかどうかとか、この売上の計上時期はいつか、といった問題です。納税者の言い分を税金のプロである税理士がきちんと伝えてくれることで、税務調査はスムーズに進みます。感覚的には、税理士が代理人になり、真剣に税務署と交渉してくれれば、納税者の心理的な負担は10分の１に激減すると思います。

税務調査を解決すると、人件費分の報酬がもらえ、かつ現在顧問税理士がいない状態なので税務顧問を獲得することができます。たいていの場合、感謝されるのも嬉しいところです。

この税務調査のサポートニーズは非常に多く、また毎年発生するので、ぜひこのチャンスをつかんでください。脱税の幇助をするのではなく、納税者と税務署の間に立って、税務調査を早期に終わらせ、事業者にまた事業を頑張ってもらうお手伝いができるという社会的意義も大きいです。

このニーズを拾うために、会社の設立や融資のサポートと同じく、ホームページを作って宣伝を行いましょう。

ホームページのコツとしては次の通りです。

①税務調査はどういう流れで行われるのかという実態を記載
②納税者の不安感を鎮め、「ググるより専門家」ということをアピール
③税務調査Q＆Aとして、税務調査でありがちな疑問に回答
④税務調査で困っている人を救い、早期に事業に復帰してもらうことを目的にしている旨のメッセージを記載
⑤自分のプロフィールを細かく掲載し、親近感を湧かせる
⑥YouTube動画をホームページ内にはめ込み、人となりを理解してもらう

ここで極めて重要なのが、⑤と⑥です。納税者の多くは不安いっぱいなので、ぜひホームページ上で不安を軽減してあげましょう。このホームページを作ったらGoogle広告やYahoo!広告で宣伝してみてください。驚くような結果になるはずです。

しかし、注意点があります。この税務調査サポートは解決まで2カ月程度を要することが多く、何件も同時に請け負うことができません。同時並行は3件が限界です。案件をたくさん抱えてアップアップにならないように注意してください。

税務調査は年中行われるのはなく、4、5月と7~11月がメインです。このシーズンは、税務調査のサポートで「顧客開拓」と「人助け」、この認識を持ってください。単にトラブル解決というだけでなく、これを機会に納税意識をクライアントに涵養させ、納税意識のしっかりした模範的な事業者になってもらうということも忘れないでください。

困っている方に専門知識を生かすことで非常に感謝され、立派な納税者になってもらう、この点でも税理士は社会的意義の大きな仕事ができる、お勧めの仕事だといえます。

相続税ホームページ作戦

相続税申告を請け負う旨のホームページを作って、Google広告やYahoo！広告を使って宣伝し、相続税申告の顧客を獲得する方法です。都会では広告費の高騰で全く使えない手法ですが、地方ではまだまだ使えます。

亡くなる方は2040年に向けてどんどん増えていくという統計が出ています。これは**税理士にとって、数少ない伸びる市場**といえます。相続税申告は1件100万円近い報酬になることが多いので、ぜひここでスポット収入を得て、税理士事務所経営を楽にしましょう。相続税申告をやっていると不動産売買が連鎖的に起きたりすることが多く、確定申告のスポット案件になる場合も多いです。

ホームページ内では、顧客の興味を引く仕掛けをたくさん作りたいところです。

本書ご購入者限定
無料特典プレゼントのご案内

税理士事務所の経営ノウハウを無料公開

特典解説動画

売上1億円突破の秘密

売上の壁
1000万、3000万、5000万、7000万を
どのように突破したのか？

ダウンロードすると**無料解説動画を視聴できます。**
さらに、**事務所経営最大化のポイント解説**もご用意しています。
今後の事務所経営のヒントになれば幸いです！

特別プレゼントはこちらから、
メール登録後に無料ダウンロードできます。
https://zeirishi-web.pro/tokuten/

ぜひご活用いただき、税理士事務所の経営の成功へお役立てください。

※特別プレゼントはWEB上で公開するものです。
小冊子・DVDなどの送付は ありません。
※上記無料プレゼントのご提供は予告なく終了となる場合がございます。
あらかじめご了承ください。
※特典につきましては、クロスメディアパブリッシングではお答えしかねます。
お問い合わせは、著者までお願いいたします。

本書を購入された方へ特別なご案内です

著者 池上成満への
無料個別相談

限定20名 公認会計士または税理士限定

本書の著者 池上成満へZOOMで直接相談できます。（30分）

事務所経営、集客、採用、教育、独立開業、値上げ、単価アップなどお悩みを気軽にご相談ください。
お一人お一人に合わせたアドバイスをいたします。

お申し込み方法

右のQRコードを読み取ることで簡単に無料面談のお申し込みができます。
面談は日程調整させていただき実施いたします。

※無料個別相談は、**限定２０名様**とさせていただきます。
※一定期間後、予告なく終了することがあります。
※特典につきましては、クロスメディアパブリッシングではお答えしかねます。
お問い合わせは、著者までお願いいたします。

①相続税額の概算を知りたい方が多いので、「相続税額がかかるかどうかすぐに教えます」というバナーを設置
②節税にこだわり、亡くなった方が必死に残した財産を1円も無駄にしないという姿勢のアピール
③遺産分割でもめるケースが多々あるので、その仲裁もいたしますというバナー
④お客様を安心させるための明朗な報酬形態
⑤ありがちな疑問に回答する相続Q＆A
⑥いつものように代表税理士の写真とメッセージの掲載

相続では、ご遺族の方は悲しみに暮れナーバスになっているケースが多いので、きちんと寄り添うメッセージの記載が極めて重要です。次のような、心からのメッセージを記載してみてはいかがでしょうか。

「相続は一生に一度経験するかしないかのことであり、円満に相続を終えるためには相続

に強い専門家の力が必要となります。

また、私たちはお客様の立場に立って、お客様に満足していただけるように業務を行っております。お客様から「ありがとう」のあたたかいお言葉をいただくために、日々相続税申告に関するご相談をお受けしております。

納税者の皆さんが相続税に触れる場面は一生のうちに一度か二度です。大切なお身内が亡くなって悲しみに暮れ、少し落ち着いた頃に相続のための法的手続きや相続税の申告に追われることになります。これらの慣れない手続きを短期間でこなすのは、それだけでも大きな負担です。

相続で大切なことは、税金の申告だけではありません。相続争いになってしまうケースが残念ながら発生することもあります。それまで仲良くやってきた家族・親族が、目先の損得や感情のすれ違いでお付き合いがなくなるのはとても悲しいことです。

納税者の方の悩みや想いはさまざまです。その悩みや想いをくみ取り、寄り添い、理解することから仕事を始めるよう私は心がけております。

相続税申告はもちろん、相続税の事前試算・生前対策、登記や名義変更など、さまざまなご相談に対応しております。相続でお悩みの際は、まずはお気軽にご相談ください。スタッフ一同、親身になってサポートさせていただきます」

単に相続税申告を行って報酬を得るという機械的な発想ではなく、きちんと納税者の方に寄り添って心のケアをしつつ、専門家として相続税額を、特例を使いながら極力を減らして負担を軽減させていく姿勢が必要です。地方では、人の人との繋がりが深いので、お客様にご満足いただけると、何かの機会にご紹介をいただけるケースが多いのもありがたいところです。

相続手続き作戦

相続税の申告は、地方では100万円程度の報酬になるため、会計事務所経営ではありがたい臨時収入ですが、これを直接ネットなどで獲得するのではなく、亡くなった後にご遺族が行う相続手続きをサポートする中で信頼関係を得て、相続税申告案件を獲得するという間接的手法がこの相続手続き作戦です。

相続手続きとは、具体的には、

①相続人の確定
②法定相続人の情報を整理した一覧図の作成
③不動産の調査

④不動産登記の手配
⑤金融機関解約・名義変更
⑥遺産分割協議書作成
⑦財産目録作成
⑧公正証書遺言の原案作成

などを指します。前記を相続人の方が短時間でスムーズに行うのは至難の業で、特に相続人の方が遠方にいる場合はかなり大変です。そこをサポートしてあげるのがこのビジネスです。

相続税の申告をしなければならない方の数は亡くなった方のうち10人に1人程度ですが、この相続手続きは全てのご遺族が対象です。ですから、裾野が広いのです。**相続手続きビジネスを手がければ、そのうち2割が相続税申告義務のある方と言われており、相続手続きで関係性を作れれば、相続税申告案件の獲得も容易です。**

では、相続手続きビジネスはどこから獲得すればよいのでしょうか。これはネットではありません。葬儀会社や司法書士、保険の営業マン、銀行、ケアマネージャー、社会福祉協議会、老人ホーム、訪問介護業者、訪問看護業者、遺品整理業者、不動産会社、ハウスメーカーから獲得するのです。

ここに営業をかけ、紹介網を作れば、ものすごい数の相続手続き案件を獲得するのは、夢ではありません。こういう地べたの営業は税理士の最も苦手とするところです。とにかく手数です。亡くなった方と接する可能性のある事業者にはどんどん営業をかけましょう。そして相手のニーズを引き出し、Win-Win の関係を作ってください。

経験上、葬儀会社と銀行は、税理士事務所の規模がないと相手にされない可能性が高いです。ですから、フットワークの軽さと親切さのアピールに共感してくれる方を探していきましょう。こういう時に役に立つのが、先にご紹介した、「経営者団体加入作戦」です。もし経営者団体に加入していれば、たくさんの人脈がありますから前記の業者を紹介してもらうのは容易です。話さえ聞いてもらえば、このサービスはご遺族にとっては大変な手助けになりますのでその意義はわかっていただけると思います。

また、相続手続きサービスを行っている事業者と提携しているということは、富裕層向けにソリューションの多彩さをアピールしてビジネスをされている方にとっては、大きなアドバンテージとなるのでとても喜ばれるでしょう。

先述した通り、２０４０年まで相続市場は拡大を続ける市場です。地べたの営業、手数をかけての泥臭い営業でさまざまな会社と関係を構築できるよう努めてください。

最後に、相続税申告ビジネスと同じく、相続関係のビジネスは最後は人と人ですから、きちんとご遺族の悲しみに寄り添いつつ、心労を軽減できるよう手続きを進めてください。ご遺族の信頼を得た時に、相続税申告の依頼が来ると思います。

DM作戦

前述した会社設立作戦で会社を設立した方は、ほとんど全て税務顧問になることができます。もちろんそういうケースは稀で、一般的にはほとんどの創業者が、自分で司法書士などに依頼して会社を設立しています。その場合、顧問税理士がいないことが多いです。

そこでDMの出番です。DMというとA4の両面印刷のようなイメージがありますが、分厚い封筒でも構いません。

皆さんは、「今頃DMかよ」と思われるかもしれません。しかし、**私から言わせれば、ネットネットの世の中だからこそ、紙媒体での宣伝が効果的なのです。**都会で会社を設立すれば、10通以上のDMが来ます。ですが、地方で会社を設立しても、来るDMは3通程度です。珍しいので、じっくり内容を見てもらえることが多く、非常に狙い目なのです。

では、会社の設立情報はどこでとれるかと言うと、ネット官報をまとめたサイトから取得できます。新しく設立された会社に、いち早く接触することで、税務顧問の依頼を受ける可能性が高まります。まさに「**先んずれば即ち人を制す**」です。

では、どのようなＤＭが効果的なのでしょうか。会社を設立した方の気持ちになってみてください。自分ならどういうＤＭだと税務顧問を依頼したいかと考えればおのずと答えは出てきます。

ＤＭには次の内容のチラシを入れます。

①融資のサポート
②補助金・助成金に対応
③面倒な入力業務を全て代行
④税理士とのマンツーマンによる経営相談

①は、創業者の資金繰りへの不安に応えるものです。会社を設立したばかりの方で融資の獲得に自信を持っていらっしゃる方はほとんどいません。そこで資金繰りに明るい税理

士が融資をサポートしますとアピールします。

実は、創業融資は通りやすいのです。少なくとも赤字企業の融資よりは何倍も通りやすいです。創業時は将来像が見えないので、良くなるという予測のもと、金融機関も融資をしてくれるからです。
②の補助金・助成金を獲得したいと思っていらっしゃる方は多いのですが、どういう補助金が獲得しやすいのか、どうやって獲得したらよいのか全くわかっていない方が多いです。そのサポートを行う旨をアピールしましょう。狙うべきは助成金です。助成金は要件が揃えば100%もらえるので、確実性があります。獲得しやすい助成金の情報を集めておきましょう。どこでその情報を集めるかというと、ずばりX（旧・Twitter）です。
補助金・助成金に詳しい方をフォローしておけば、情報は大量に集まります。
③の経理負担の軽減、入力業務の丸投げニーズはとても強いです。経理がいる会社の割合は10年前からすると激減しており、厳しい経営環境の中、売上第一の中小企業の社長は、バックオフィス業務に力を割くことができません。そこで、面倒な入力業務を丸投げで受

けるというのは非常にありがたい申し出なのです。
④も欠かせません。規模が大きい税理士事務所は、絶対に税理士がマンツーマンでの対応はできません。これは、規模感があると税理士が経営の方に注力しないといけないので当然なのです。ここに穴場があります。マンツーマン対応を約束すれば、事業の成功を真剣に考えている事業者は、金額が高くても他社に行くことはありません。
以上のようなチラシを入れたＤＭを新規会社設立者に送ってみましょう。毎月数件の反響を獲得できるはずです。コストもネット広告に比べると安く、お勧めです。

クラウド会計作戦

税理士事務所による中小企業の会計処理対応は、従来から顧客に会計ソフトの入力をさせる自計化と税理士事務所で会計ソフトへの入力を請け負う記帳代行に大きく分かれていました。以前は自計化が優勢だったのですが、中小企業の人手不足感が強まり、現在は記帳代行の方が優勢となっています。私の税理士法人の顧客も99％が記帳代行です。そこに2012年ごろに登場したのがクラウド会計です。

クラウド会計とは、クラウド上で利用できる会計ソフトを指します。クラウド会計のメリットとしては、端末や場所を選ばずに利用できる、複数人による同時アクセスが可能、データがクラウドサーバー上で保存できる、自動仕訳や請求書発行などの他サービスとの連携が可能といった点が挙げられます。このクラウド会計を利用したいというニーズが、最近、増大しています。新しい世代の顧客を獲得するために、事務所としてクラウド会計に対応できるようにするのがよいでしょう。

クラウド会計というと、とても難しく感じてしまう税理士がいますが、ネットバンキングとクレジットカードのデータが同期されている一種の記帳代行に過ぎません。弊社でも導入を始めていますが、大きな混乱は生まれていません。

このクラウド会計導入のよい点は、顧客の紹介を得ることができるという点です。クラウド会計会社は、膨大な広告費を使ってクラウド会計を使用する顧客を集めていますが、会計ソフトの使用者だけ増えても税金の申告をする税理士が十分確保できていないという問題点があり、特に地方ではクラウド会計に未対応の税理士事務所が圧倒的多数のため、クラウド会計の利用者に税理士を紹介できないというジレンマを抱えています。

このまま行けば、クラウド会計を導入しても税理士が見つからず、結局クラウド会計を止めてしまうという事態も考えられるため、クラウド会計会社は積極的にクラウド会計の利用者に税務顧問として税理士を紹介しています。

田舎では1つの県でクラウド会計に対応する税理士事務所が5件以下というケースがあり、クラウド会計に強いというだけでクラウド会計会社から顧客の紹介が多数来ているのが実態です。クラウド会計なのだから、東京の大手事務所が全てＺｏｏｍ対応で税務顧問をやればよいのではと思うかもしれませんが、クラウド会計とはいえ、事業者は地元で相談できる税理士を求めているのが実情です。

クラウド会計会社の中でも、有名な会社としてｆｒｅｅｅとマネーフォワードがあります。どちらにも対応できるのが理想ですが、**リソースを考えて、優先すべきはｆｒｅｅｅ**だと思います。その理由もまたランチェスター戦略です。

ｆｒｅｅｅは税理士側に単式簿記のイメージがあり、苦手意識を持つ方が多いため、複式簿記のマネーフォワードより事務所に導入している税理士事務所は格段に少ないです。しかし、エンドユーザーではｆｒｅｅｅの方が多いという逆の結果となっています。

魚はｆｒｅｅｅの方が多いのに、釣り人はｆｒｅｅｅの方が少ない。であれば、選択は一択です。まずはｆｒｅｅｅに事務所として対応できるようになりましょう。その後できればマネーフォワードも対応できるようになるとよいですね。

ｆｒｅｅｅに対応できるといっても、アピールしないと認知されませんので、自社のホームページを作成したら、そこにｆｒｅｅｅ対応を大きくアピールしておきましょう。

１つだけ注意点としては、**とにかく安く安くという顧客が多いので、選別して自社の利益に貢献しない顧客は勇気を出してお断りすること**です。先述した単価をいただけない事業者とお付き合いしていると年収３０００万円は無理ですので、自社の将来のためにお断りしましょう。飛行機の国際線にエコノミークラス、ビジネスクラス、ファーストクラスがあるのは差別ではなく、収益を最大化させる手段です。堂々と自社の利益を確保できる顧客だけを選んでいきましょう。

コラム ❸

ウェブ支援会社選びのチェックポイント

事務所運営において、ホームページは、顧客開拓を担う「営業マン」として、24時間365日、休むことなく働き続けてくれる重要なツールです。また、税理士を探している企業や個人も、問い合わせをする前に必ずインターネットで事務所情報を確認しています。そのため、ホームページを効果的に活用できるかどうかで、売上や採用に大きな差が生まれます。

さらに、ホームページは作成したら終わりではありません。事務所の成長や変化に合わせて、定期的に更新・改善する必要があります。事務所内にホームページ運営に詳しいスタッフがいる場合は、効率的な運用が期待できるのですが、なかなかそのような人材はいないのが現状です。もし適任者がいない場合は、ウェブ制作会社やウェブ広告会社などの外部専門家に依頼することが得策です。

適切なウェブ支援会社の選定が成功の鍵となりますので、以下にチェックポイントをまとめました。参考になさってください。

図4　ウェブ支援会社の選び方　Check List

1
税理士事務所のホームページ制作経験が豊富か
業界に特化した会社であれば、税理士事務所の特有のニーズを把握しているので、適切なアドバイスやサイト構築が期待できます。

2
税理士業界を理解し、集客戦略を提案できるか
税理士業界を理解している会社であれば、事務所の強みを効果的にアピールするための集客施策を提案できます。業界理解の有無が成果に大きく影響します。

3
ホームページの更新スピードや対応の迅速さ
フレキシブルな対応が可能か確認しましょう。簡単な修正であれば、数日以内に対応できる会社がベストです。

4
顧問契約、相続、融資、税務調査など集客実績があるか
新規顧問開拓や各業務特化の集客支援実績がある会社であれば、効果的なウェブ戦略を提案してくれるはずです。

5
Google 広告や Yahoo! 広告の運用経験が豊富か
即効性のあるウェブ広告は集客に効果的です。Google 広告や Yahoo! 広告の運用実績を確認しましょう。

6
自然検索（SEO）対策のノウハウがあるか
SEO 対策に精通し、上位表示を実現できる実績があれば、多くの潜在顧客に事務所の存在を認知してもらえます。

私は、株式会社バレーフィールドという会社に広告の運用とサイトの改善をお願いしています。この会社は、累計150件以上の税理士事務所のウェブ支援をしており、のべ1000名超の税理士が入会している各種実務サービスの事務局として、日々、税理士の先生のサポートをしている会社です。私が全幅の信頼を置いている会社ですので、サイト経由の集客に行き詰まったら、ぜひ相談してみてください。

第4章

税理士事務所のオペレーション

どういう人を採用するべきか

第2章、第3章で集客について述べてきました。この2つの章で掲載したことの半分でも実行すれば、あなたはもう集客に悩むことはないはずです。97%の税理士は集客戦略が全くないので、目的意識的に動けば、簡単に優位に立てます。

しかし、実際に会計入力や税務申告書の作成を100件こなすとなるとしっかりとしたオペレーション体制が必要となります。そのオペレーションの秘訣を今回全て公開します。

まず、30件程度なら自分で何とかできますが、それでは年収3000万円はおぼつきません。安定的に年収3000万円体制を確立したいなら、人を雇うという領域に踏み込まなければなりません。私は人を雇うというのは、実に自分を成長させるので、ぜひ一度はチャレンジしてほしいと思っています。ただ、たくさん雇うというのはビジネスモデルとして拡大志向となるので、後戻りができなくなります。

最低賃金がどんどん上がり、社会保険料も上がり続ける中で雇用を増やし続けるのは、下りのエスカレーターを上っていくようなものです。大きな利益を出し続けないとその体制は維持できません。終わりなき戦いになり、経営に関して苦悩し続けることになる可能性が高いので、注意してください。

採用モットーは、「1に子育て、2に子育て、3、4がなくて、5に子育て」

さて、どういう人を雇うべきかですが、これは簡単です。**お子さんが乳幼児の主婦の方を採用してください。**お子さんが乳幼児の方は、常に突発的なお子さんの病気で保育園から呼び出される場合が多いため、なかなか企業で雇ってもらえないという現実があります。そこにまたランチェスター戦略が活かせるのです。

お子さんが乳幼児の主婦の方の中には、きわめて頭脳明晰な方がたくさんいます。でも突発的に休む可能性があるので、例えばシフト制の仕事には採用されにくいでしょう。私も大きな企業にいたことがありますが、お子さんが乳幼児の主婦の方はほとんどいらっしゃいませんでした。

ですから、この層に仕事を求めるよい人材が眠っているのです。これを「人材ランチェスター戦略」と言います。会社の従業員は、全てお子さんが乳幼児の主婦の方を採用すると決めれば、あとは働きやすさを追求するだけで他社と採用に関して差別化でき、よい人材を容易に採用できます。

会社の採用モットーを「1に子育て、2に子育て、3、4がなくて5に子育て」として、子育てママさんに手厚い体制を組めば、応募は殺到すると思います。その中から頭脳明断な方を採用してください。

弊社も多数の子育てママさんを採用し、成長してきました。この人手不足の中、待遇面で見劣りする税理士事務所が大きな会社に伍して採用を成功させるために、大手が採用しない人材に目を向けていきましょう。

とにかく子育てしやすい環境を考えていくべきです。その際の切り札が、「有給休暇取得の事後届出制」です。有給取得は一般的に許可が必要です。これは繁忙期に有給を取得されたら経営上困るので、使用者にもいくつかの裁量が残されているためです。

この逆を突き、有給は無条件に事後届出だけで休めるとすればどうでしょうか。例えば、お子さんが37度5分の熱が出て、保育園から至急迎えに来るようにとの連絡が入った時に、電話1本で休めるようにするのです。しかも、事後にネット上で印鑑を押して有給取得願を提出するシステムにすれば、何のプレッシャーもなく休めて、とてもありがたがられるはずです。弊社では、開業4年目から導入しています。

時短勤務を認めよう

また、時短勤務を認めるべきです。正社員にしても18時まで、17時まで、16時までというコースを準備して、保育園の退園時間に合わせた設計としておけば、そういう会社はなかなかないので採用は極めて有利となります。

一部の社員だけが、フレキシブルな働き方をすると、他の社員からクレームが来ますが、全員が乳幼児のお子さんを持つ主婦の方であれば問題ありませんし、社員からの会社への忠誠心も高くなり、社内の雰囲気もよいものとなるでしょう。ぜひこういう視点で採用を進めてください。

最強の採用戦略①

訴求力のある求人の文言を考えよう

前節で、どういう人を雇うべきかについて述べました。では具体的にはどうやって採用するかですが、媒体としてはｉｎｄｅｅｄやしゅふＪＯＢをお勧めします。ハローワークは求職者の平均年齢が高いので、若年層の採用を狙っている場合はミスマッチとなるのでご注意ください。

狙い目は、子どもが小学生未満の主婦や子育て中だが、周囲の協力を得られない方です。求人票に「１に子育て、２に子育て、３、４がなくて、５に子育て」と書き、「子どもの病気・参観日は必ず帰れます」「有給全部取れます」とアピール。左のような内容の求人票を出してみましょう。

図5　求人票のサンプル

税理士法人〇〇〇

未経験でも大丈夫。完全土日祝休！会計経理事務。
20代・30代活躍中【子育て優先実践企業】

・自分のペースで働けて、クライアントに頻繁に感謝され、やりがいがもてる仕事です。
・未経験の方も活躍できる環境が整っています。
・人を大事にする会社を目指しています。
・お子さんの病気や参観日、必ず休めます。
・在宅勤務も可能な体制を構築しています。

今回は、会計業務、税務申告書及び決算書の作成、決算説明、お客様対応等業務全般を担っていただく方を募集します。明るく元気な社風ですので、素直で明るく成長意欲の強い方には、ぴったりの職場です。

会社データ

仕事内容	・会計ソフト入力、決算書及び申告書作成、決算説明 ・事務所内清掃 ・電話応対、顧問先への資料提供など
プロフィール	★会計事務所の仕事は難しそう？ それでも活躍できる、充実した研修制度 【充実した教育制度があるから未経験者も安心です】 弊社では、人材育成に力を入れて取り組んでいます。最初の3カ月間は、担当を持たせず教育担当から懇切丁寧な指導を受けることができます。すぐに質問ができる環境があるので、「業務がわからなくて１人で悩む……」ということは一切ありません！その他にも、経験・キャリアに応じた研修プログラムをご用意しております。 ★快くお休みがもらえる優しい環境 弊社は、有給は自由に取得できます。許可も不要です。届出だけで、休むことができます。100%消化を目指しています。お子さんの病気や参観日、必ず帰れます。 ★在宅勤務が可能 弊社では、感染症などが広がった時には、在宅で勤務できるような体制を構築しています。自宅からでもインターネットで、会計業務ができるので安心です（ノートPC貸与）。またお子さんがインフルエンザなどにかかったときも、在宅勤務が可能です。

最強の採用戦略②

働きやすさを追求せよ

前節の求人で、私は以下のような方を採用できています。
①40名規模の会社の経理を1人で6年経験していた者
②信用組合勤続15年で出産後退職した者
③大規模資格者団体で経理を5年行っていた者
女性の働きやすさを前面に出せば、優秀な女性からの応募が出てきて、人手不足の中でも採用できます。

この子育て主婦を狙った求人は、意外な副産物を生みます。実は**独身女性もこの働きやすさを魅力に感じ応募してくれるのです。独身女性は、結婚後も仕事を、子育てをしながが**

ら続けられるか悩んでいます。その悩みにこの求人がマッチし、優秀な独身女性からの応募も多数出てくるのです。

実際にこの求人内容で採用できた方は次です。

①金融機関の現役職員
保険販売や投資信託販売のノルマがきつ過ぎて疲弊していたので、ノルマがない職場に行きたかった。会計事務所は天国とのことでした。

②大企業の経理課長
ガラスの天井がある職場で、これから年を重ねても、上に上がれない。職場で自分より年が上の正社員女性がおらず、ロールモデルがいなくて不安。会計事務所は、スキルアップできるし、休みも多いので働きやすいとのことでした。

税理士業界は他の業界から見ればホワイトな面も多いです。アパレルや小売と比べると、ノルマがほとんどないですし、座り仕事で、年間数十万円を払える方が顧客のためクレームを言う客が少ないからです。このように労働強度の低さと女性の働きやすさを全面的に押し出すことで、優秀な女性を獲得できます。

さらに、人材確保のためのとっておきの秘訣をお教えしましょう。それは、**1人採用した後に優秀な後輩を連れてきてもらう**のです。リファラル採用です。優秀な後輩を連れてきてくれたら10万円をプレゼント、その後輩にも10万円をプレゼントします。10万円は高いと思われるかもしれません。でも、採用コストはどんどん上がっていますし、時は金なりです。従業員が採用できないために、キャパシティの問題で新規客を獲得できないのは、企業経営にとって最悪の機会損失です。

驚くべきことに、**女性の働きやすさを追求した職場を作ると、なんと若い男性も採用できてしまいます。**実際に他の税理士事務所で働いていた若い男性や、金融機関に新卒で入ったがノルマノルマの毎日でついていけなくなった若い男性も採用できています。

ただ誰でも彼でも採用してはいけません。転職回数が多い方の採用は特に慎重に行ってください。ノルマが多い職場や労働強度の高い職場にいた方を優先して採用するのがよいでしょう。

最後に未経験者の教育ですが、採用時に税理士事務所は利益を出さないと給料が払えない旨を強調した上で、採用時に甘いことは言わず以下の点をしっかり伝えてください。
①入社後３カ月が経過したら、見様見真似でもまずは税務申告書を作成してもらう
②担当として持つ法人数は30件が目標
③会社はお金をもらって教えてもらう場所ではない。本来はお金を払って業務を教えてもらい、生き残るためのスキルを身につけるべき場所
ここまで話して採用すれば、率先して業務を覚えてくれるので、半年もすれば戦力になるに違いありません。

池上式「フルリモート採用」

フルリモート人員は、教育不要の人材を選べ

税理士業界未経験者を採用するのは、この業界よりもブラックな業界も多いため、わりと容易ですが、経験者を採用するのは、昨今の人手不足の中で、かなり難しいのが現状です。税理士事務所経営では、未経験者を育てていくのが基本線なのですが、教育に時間を充てられない、もしくは充てたくないという方向けの作戦があります。それがフルリモート採用です。リモートではなくフルリモートという点が重要です。

フルリモート採用の注意点は以下です。

①実務が完璧な者のみ採用
②教育は一切しない
③携帯電話を渡して顧客とは直接やり取りさせる
④担当は30件持たせる
⑤本社のパソコンを遠隔操作してもらう
⑥スキャナーやプリンターはこちらで用意して郵送してあげる
⑦ログを管理する
⑧定期的な打ち合わせを行う

フルリモートの方を遠隔で教育するのは極めて難しいので、採用にあたっては、経験が5年以上で一切の教育が不要な方に絞ることが重要です。また担当数も十分に持たせて、きちんと税理士事務所の利益に貢献するという意識を持たせるようにしてください。遠隔操作は「リモートビュウ」というソフトがよいでしょう。顧客からの些細な質問は全てフルリモート社員で完結させることが代表税理士の時間を無駄に費やさないために肝要です。

リモート採用で後悔しないために考えるべきこと

さて、ｉｎｄｅｅｄやしゅふＪＯＢでリモート採用を実際にやってみたら、応募がすごく多いことに驚かれることでしょう。通勤しなくてよいので、募集範囲が全国となるからです。私も募集してみて、とても驚きました。しかし、すぐに落胆に代わります。

応募者のほとんどが、会計入力ができる程度のレベルの方なのです。税理士が最終的にはしっかりと確認するにしても、申告書まで独力で作成できる方は10％程度しかいません。**安易に妥協して中途半端なレベルの方を採用してしまうと、あとで後悔するので、厳選採用を心がけましょう。**

採用のアピールポイントとして、週2～3回のリモートワークを可能にしている税理士事務所は多いですが、一切の出社義務のないフルリモートを採用している税理士事務所は極めて少ないです。よって、他社に比べて差別化できていますので、給与設定さえ間違わなければ、採用は短期間で可能という印象を持っています。ただし、都会の求職者はフルリモートでも求める給与水準が高いので、注意が必要です。適正と思われる給与水準の方のみ採用するように心がけてください。

採用にあたり、手っ取り早く転職エージェントを使うという手も考えられます。しかし手数料を１００万円以上取られるケースも多いので悩ましいところです。そういう時には、キャリアアップ助成金を使うとよいでしょう。これは、細かい条件は省きますが、有期雇用の方を正社員にすると数十万円が政府からもらえるというものです。知り合いの社労士さんと相談しながらぜひ検討してみてください。

最後に、採用はできたとしても、顧客からの質問に対する対応が遠隔の社員となるので、顧客が納得するかという疑問を持たれるかもしれません。それに関しては、税理士顧問契約を結ぶ際に、「人手不足でフルリモート社員が基本的には対応しますが、経営相談や融資、補助金の相談、税務申告は代表税理士が責任をもってしっかりと行うという2人担当制とお考えください」と一言伝えればスムーズです。お客様も昨今の人手不足は理解されているので、２人担当制と言えば安心してくれます。

記帳代行のススメ

税理士事務所の会計処理は、先述した通り、お客様から資料を預かり、会計事務所で入力作業を行う方法と、自計化といってお客様に入力作業を行ってもらう方法がありますが、全てのお客様の記帳代行を自社で引き受けるべきです。その理由は、高い収益性にあります。1仕訳処理あたり120円をいただければ、十分利益は出ます。
以下は弊社のベテランパートよる入力スピード計測結果です。

•14分間で101件の仕訳処理が完了
•1分あたり7・2仕訳が可能です。つまり1分あたり売上は7・2×1仕訳あたり120円＝864円となります
•1時間あたり432仕訳となり、1時間あたり売上は432×120円＝51840円

●日商は、なんと５１８４０円×７時間＝３６２８８０円
●月商は、１月が20営業日として３６２８８０×20日＝７２５７６００円

入力マシンになってしまえば、仕訳手数料は月間７、２５７、６００円ということになります。驚くべき数字だとは思いませんか？　実際は、資料を確認したり、お客さんとやり取りしたりする時間が必要ですが、仕訳処理で適正料金をいただければ、非常に利益が出やすいということは実証されたと思います。だから、記帳代行会社というのが成立するわけです。

記帳代行はＡＩにやらせて、業務効率化を究めろ

さらにそこに黒船が来襲してきました。ＡＩ－ＯＣＲによるスキャン読み取り仕訳です。

ＡＩ－ＯＣＲとは、納品書・請求書・領収書などをスキャンまたは電子データで認識して仕訳データを作成するシステムです。光学文字認識（ＯＣＲ）機能とＡＩ（人工知能）技

術を融合させたＡＩ－ＯＣＲにより自動的に仕訳を作成することができます。
以前は読み取り精度が低かったのですが、現在では、多くの会計ソフト会社でこのＡＩ－ＯＣＲの開発が進み、実用化が進んでいます。弊社では、日本ＩＣＳの会計ソフト「原票会計Ｓ」が大活躍を始めています。

原票会計では、左記が可能です。

①預金通帳、カード明細の読み取り
②印字レシート読み取り
③インボイス番号の読み取り　国税庁ＨＰと突合した上で摘要欄に自動記載

これは一種の産業革命です。これで税理士事務所の生産性は格段に良くなりました。今までは、記帳代行を引き受けるためには、入力用のパートさんが不可欠だったのですが、このヘッドカウントがなくなることは事務所の経営にとっては大きなアドバンテージです。リストラするのではなく、今いるパートさんにも、もっと収益性の高い仕事をお願いして利益を出していきましょう。

もう1つの記帳代行を引き受けるべき理由としては、自計化できる顧客の数は記帳代行で丸投げを希望する顧客に比べて格段に少ないからです。これだけクラウド会計や請求書発行の代行、経費精算の代行が一般的になるのも経理が会社にいないからです。自計化は経理がいる会社しかできないので、スモール起業が一般的な現在では、そこをターゲットにすると顧客の拡大が難しくなります。お客様のニーズが記帳代行、もっと言えば経理丸投げなのですから、そこを狙っていきましょう。

効率とクオリティを両立する資料回収と資料の保管方法

トヨタの工場に見習う資料回収

前節の記帳代行は非常に利益になるのですが、その処理を早く終わらせるためには、資料の回収をいかに標準化させるかがカギとなります。

なぜトヨタは1日であれほど多くの車を生産できるのでしょうか。それは全ての工程が標準化されていて無駄がないからです。資料の回収を記帳代行がやりやすい形で行い、標準化するのが、処理を早くするコツです。

具体的には、お客様の資料回収は、全て統一されたファイルに領収書などを入れてもらう形で行います。そのファイルには、ポケットごとに「売上」とか「仕入」とか「消耗品」などと書いておき、その勘定科目通りに顧客に帳票を入れていただきます。

全員が毎月1冊のファイルに領収書や請求書を全て入れて、月末締めで翌月10日までに事務所に郵送してもらえば、仕訳工場ができあがるはずです。「会計事務所 売上1億突破本気塾」でスムーズな資料回収のやり方を指導していますので巻末の特典ページからお問い合わせください。

この方法により、仕訳がものすごく楽になります。注意点として勘定科目は統一させるべきです。従業員が勝手に新しい勘定科目や補助科目を作ると俗人化しやすいので、作らせないようにしてください。

全てのお客様に12カ月分で12冊を渡す必要はなく、仕訳数が少ない顧客には3カ月ごとで4冊だけとか、半年ごとで2冊だけのように調整した方がよいでしょう。決して、段ボールや発泡スチロール、封筒などで雑に資料を回収しないよう心がけましょう。

顧客が多くなると、決算書や申告書の保管スペースが必要となります。決算書や申告書などはスキャンし、全てＤｏｃｕＷｏｒｋｓ（電子文書と紙文書を一元管理するオフィス向けソフトウェア）にして、ＧｏｏｇｌｅＤｒｉｖｅかＤｒｏｐＢｏｘに保管するとよ

図6　フォルダ分けはこう作る！

- 01_顧問先ファイル
  - 01_法人
    - 01_記帳用資料
    - 02_提案資料
    - 03_決算処理資料
    - 04_提出済み申告書
    - 05_給与・年末調整
    - 07_保険
    - 08_融資・割賦・リース
    - 09_定款・謄本・契約書・規程
    - 10_申請届出書

いでしょう。

上記のようにフォルダを分けて管理すると便利です。

顧客が多くなってくると決算月の管理が煩雑になります。決算の2カ月後までに申告しないといけないので、それを忘れると大変です。そこで、進捗管理ソフトが必要になってきます。章の終わりのコラムにお勧めのソフトを書いておきましたので読んでみてください。

経営者に向けたわかりやすい貸借対照表の説明の仕方

決算書と税務申告書を作成したら、顧客に対して決算の説明を行いますが、やり方を決めておくと準備が楽です。まずは、説明の前に左記を準備しておきます。
①前期の決算書を２部（１部はお客様用。以下同じ）
②今期の決算書を２部
③今期の月次損益計算書を２部

小学4年生にもわかるように説明するべし

貸借対照表の説明は次の通りに行います。

左の数字を、決算書を見ながら伝えてください。小学校4年生にもわかるように伝えるのがコツです。

●資産の部
①現金残高
②売掛残高
③貸付金残高（誰に対するものなのかもお伝えする）
④固定資産残高（建物、附属設備、車両等）

●負債の部

①買掛金残高
②短期借入金残高（誰からの借入金なのかも伝える。勘定科目明細書に記載している）
③長期借入金残高（誰からの借入金なのかも伝える。勘定科目明細書に記載している）

● 資本の部

繰越利益剰余金の額
（利益が貯まったものである旨を伝える。この額が基本的に会社の株価となる。マイナスだと株価は基本的にゼロ円）
財務諸表は貸借対照表の方が損益計算書よりも重要です。まずは、過年度実績と比較して会社の財務内容の変化を教えてあげましょう。さらにわかりやすく以下をお伝えしてあげると喜ばれます。
①現金残高が月商の何カ月分かを伝え、３カ月分の現金を確保する必要がある旨をお伝えする（黒字なのに、キャッシュ不足による倒産を防ぐため）

②昨年の現金残と比べて増えているのか、減っているのかを指摘する
③在庫は負債ともいえるので、棚卸資産が多すぎないか
④役員への貸付、役員からの借入が500万円を超えている場合は、解消すべきことを伝える
⑤自己資本比率が30％以上あるか。ない場合はどうすべきか
⑥利益剰余金がプラスとなって、会社が成長し続けているのか

特に現金がないのは、経営にとっては致命的ですので、すぐに融資のサポートを提案して、潤沢な資金で悠々とした経営を目指すよう促してください。また、不良在庫はあらゆる意味で経営の足を引っ張ります。昨年と比べて棚卸資産が急速に増えている場合は、要チェックです。

経営者に向けたわかりやすい損益計算書の説明の仕方

損益計算書の説明は次の通りに行います。
左記の数字を、決算書を見ながらお伝えしてください。

①項目ごとの売上（※昨年対比何%か伝える。増加していれば、惜しみなく称賛する）
②月次損益計算書を見せ、毎月の売上の変動を確認する
③原価額
④売上総利益≒粗利（※昨年対比何%か伝える。増加していれば、惜しみなく称賛する）
⑤粗利が、少なくとも2000万円はないと事業とは言えないので、2000万円ない場合は、2000万円を目指すよう伝える
⑥人件費率（人件費÷粗利）（※昨年対比何%か伝える。低い数字であれば、惜しみなく称

賛する）
40％未満＝超優良　45％未満＝優良　50％未満＝良　50％〜60％＝普通　60％超＝危険水域（人件費過多）人件費は、役員報酬、給料、雑給、法定福利費、福利厚生費の合計
⑦販管費（100万円以上のものを列挙）
⑧営業利益
⑨特別利益
⑩特別損失
⑪経常利益（最終利益率が対売上20％超なら優良　10％超なら良）

税金対策に関してですが、強調しておきたいのは、利益が800万円を超えるまでは節税は要らないということです。法人において利益が800万円までは低い税率（実効税率約23％）であるため、税金対策で何か買うと、会社のキャッシュが減り、いつまでたっても体力がある会社（キャッシュリッチな会社）にならないので、800万円までなら何もしないよう勧めてください。

23％の税率は、普通のサラリーマンの税率（所得税＋住民税）と同じなので、そういう視点から、その税率までは日本の経済システム使用料であるから払うべき旨を伝えることです。８００万円を超えてきたら、超えた分は、高い税率となるので、対策を行うことも可能になります。

●対策（費用を作る）

①役員の退職金保険積立（40％損金）、全損掛け捨て保険
②オペレーティングリース（１０００万円以上が単位。初年度約60％、２年目40％損金など）
③倒産防止共済（政府への預け金で全損。毎年２４０万円まで。総額８００万円まで）
④一式30万円まで、総額３００万円までの固定資産（パソコンなど）は全額損金
⑤中古自動車は、４年落ちなら全損（期間按分に注意）
⑥従業員への決算賞与
⑦絵画の購入（30万円まで全損を利用）
⑧ビットコイン採掘用パソコンの購入など（一括償却を利用）

注意事項として、**会社を大きく発展させたい場合は、税金を払っても会社にお金を残す必要性がある旨を伝えることが欠かせません。**大きな企業は多額の税金を払ったうえで、大きくなっているからです。無駄に役員報酬を取っているところは下げさせて、会社にできるだけキャッシュを残すよう諭してください。税金を払って、残りで会社を運営するイメージを持たせることが肝要です。

ワンマン経営のための会議のやり方

企業経営はワンマン経営でなければなりません。企業の存亡に責任を取るのは代表税理士ただ一人ですから。ワンマン経営こそが、中小企業にとって最高の経営形態という認識が必要です。

正確に言えば、衆知を集めた独裁が正しいです(近鉄グループ中興の祖・佐伯勇)。**衆知を集めるために会議を毎月1回は行いましょう。**会社全体が、代表税理士の望む方向に進んでいるかを確かめる場でもあります。

月1回の会議では、全員を集めて次のことを確認しましょう。

図7　会議で確認すべきチェックリスト

1	当月決算があり、処理が順調に進んでいない顧客名
2	当月申告があり、処理が順調に進んでいない顧客名
3	利益の出ている顧客と経営の事故に備える保険の提案対象者
4	2カ月以上にわたって税理士報酬を滞納している顧客名
5	業況が著しく悪い顧客報告
6	特別な対応が必要な顧客の報告
7	未経験者の教育実施状況の報告
8	相性が悪くて解約せざるを得ない顧客の報告
9	新規の顧客を獲得するキャパシティがあるかの報告
10	税法の勉強会をやった場合の開催報告
11	営業結果報告
12	会社で決めた全員が守るべきルール
13	現在の課題
14	代表が考える将来の方向性

これだけの報告を行うためには、社内の全てを把握していないといけません。規模が小さいうちは人に任せることができないので大変ですが、できるだけ右記の項目の確認を行ってください。街の事務所ではなく会社になってくると思います。

特に重要なのが、⑪の営業結果報告です。会社にとって売上（≒粗利）はガソリンです。これがないと走れません。以下を必ず全体で共有しましょう。

①月間何件の問い合わせあるか
②その問い合わせの媒体
③何件受注したのか
④何件失注しているのか
⑤失注した理由
⑥新規獲得顧客の単価
⑦現在行っている集客作戦とその展望
⑧今後行うべき集客作戦

会社全体として、営業結果が共有されると、社員も紹介を取って、会社に貢献しようという考えになってきます。リニアモーターカーは、全ての車両が動くから早いのです。全社員が売上を作る、この意識を醸成させたいものです。

常に残業削減を意識して、ホワイト企業を目指す

ワンマン経営が企業を成長させるための組織形態としては正しいわけですが、従業員からの支持がなければ、あなたは裸の王様です。ワンマン経営だからこそ、**組織の小さいうちは、従業員の働き方に無理がないかを代表税理士が自ら定期的にチェックする習慣を身につけましょう。**最も離職の原因になりやすいのは残業の多さです。
毎月の会議では、残業時間の確認を行って、適正な業務量でかつ利益が出ているかの確認が必要となります。

残業を減らすためのアイデアとしては、下記があります。

①休日、祝日出勤は代表の承認制とすること

②ノー残業デーを作る
③定時以外に電話が鳴っても、アナウンスが流れて繋がらないようにしておく
④残業時間が少ないほど評価が上がり、ボーナス額がアップするという仕組みを作る

しかし、こういう小手先のことよりも1円でも高い単価を得る努力の方が重要です。単純な話で、単価が80万円であれば、20件だけで売上は1600万円となりますが、単価が半分だと40件ないといけません。

少なくとも年間顧客単価が40万円を割る顧客を取ってしまうことは、不採算への道を開き、ひいては組織が立ち行かなくなる原因となりますので、そういう顧客は他の税理士さんに任せて、ある程度の単価を払えてクレームのない常識的な方だけを顧客にしていきましょう。

コラム❹

業務管理・進捗管理のために、早めに専用ソフトを導入する

税理士事務所を会社にするためにはルールが必要です。トヨタの例を挙げましたが、会計事務所にとっての記帳代行は生産工場と同じ考え方ができるので、大きく2つのポイントで管理する必要があります。

1つは、資料回収を毎月決まったタイミングでできるか。**もう1つは、月次試算表や決算書および申告書提出の納期コントロールです**。1人の正社員が担当を30件程度持つと、資料の回収管理およびクライアントごとの納期管理が難しくなってきます。

納期を設定し、資料回収を早める努力をしても、さまざまな都合で顧客からの資料回収が遅延することがあります。溜まった資料は、申告直前にしか提出されない場合もあり、それが結果として、担当者の過剰な負荷になり、過度の残業を発生させて、退職者が出るようになることもあります。

それを防ぐために、業務管理ツールを早めに導入しましょう。Ｅｘｃｅｌなどを使う方も多いですが、会計事務所専門の業務管理ツールをお勧めします。中でも、株式

会社フローリーが提供するＦＬＯＷがよいでしょう。会計事務所のかゆいところに手が届く商品設計がなされているので、ぜひ顧客数が増えてきたら検討してみてください。私はＦＬＯＷがリリースされた直後からのユーザーで、このソフトが税理士事務所の進捗管理ソフトとしては最高だと思っています。

担当者ごとの担当件数や納期遅延をしている件数がわかるほか、全顧客の12カ月分の記帳代行の回収状況、進行状況が１ページでわかります。顧客ごとに資料回収頻度や作業工程が異なっていても、自動でタスクが作られて担当者に仕事が割り振られる仕様になっており、担当者にとってはやることが明確になり、仕事がスムーズに進められるようになります。

業務内容がブラックボックス化・属人化しやすいのが会計事務所です。専用ツールで一律で管理することで、管理がしやすい体制になり、結果的に早期に遅延が発覚でき、社員の働きやすさに繋がります。早い段階で専用の管理ツールを導入することを推奨します。

第5章

成功して
どうするのか？

税理士事務所の成功モデル

第1章から第4章までを熟読し実践すれば、年収3000万円は必ず実現できると思います。**税理士事務所の経営者の97%は何も行動しないので、行動すれば勝てます。**多くの税理士を個別指導し、成功させてきた経験から断言します。行動あるのみです。

さて、年収3000万円を実現した後にどうするか。この章からは、これを考えてみたいと思います。年収3000万円は、サラリーマンではほぼ到達不可能な領域です。そこに至った皆さんは、お金で不自由することはないでしょう。**だからこそ、その先をどうするか。**人生を豊かにする選択をしたいものです。

年収3000万円達成後の税理士事務所の成功モデルには大きく6パターンあります。

①最低の人員で年収３０００万円を維持し、効率化を進めていく
②売上１億、２億と事務所の規模拡大を図り、自分自身の経営能力の限界に挑む
③中小企業を成長に導くために経営コンサルティングに力を入れる
④税理士事務所自体を売却してしまう
⑤全く新たなビジネスに取り組む
⑥投資で生きていく

前記の中で①が一番簡単で、ストレスがないと思います。本書では、最も少ない人員で年収３０００万円を達成するモデルを提示しました。しかし、ストレスが少ないと言っても、このモデルは、変化の激しいインフレ時代では、すぐに陳腐化してしまう恐れもあります。常に経営をアップデートしなければなりません。

具体的には、最低賃金のアップが毎年進めば、それに従い顧客単価は上げなければなりません。仮に従業員の給与を6%上げることになれば、労働分配率が3分の1の場合、２%を値上げしなければ、同じ利幅は作れません。ここで注意すべきなのは、**サービスを付加することは値上げではない**ということです。あくまで値段だけ上げるのが、値上げの基

本ということは認識しておいてください。

最低賃金を6％上昇させられるということは、政府により原価を勝手に6％上げられたのも同然です。しかもこの原価は、他の仕入れ先に変更するという対応が不可能です。ですから、**問答無用で値上げ、これが正しい選択です。**この値上げに応じてくれないクライアントは、税理士事務所と一緒に事業をやっていこうという気がないテイカーですから、契約を解除して前向きな経営マインドを持つ事業者を探していきましょう。


また、何でもかんでも顧問料に含めるという考えをやめ、顧問料の範囲でできるサービスと、別の料金をいただくサービスとを峻別することも重要です。例えば、税務調査が発生した場合には日当5万円をいただくなど、しっかりと時給分の請求を行うとか、予定納税の納付書を最近は税務署が納税者に郵送しないようになりましたが、予定納税の管理を行う場合は管理に見合う報酬をいただくなど地道な改善が必要です。

特に消費税申告はインボイス制度の導入以降、さらに処理が煩雑になってきているので、業務量にあった報酬形態を常に模索する必要があるでしょう。

値上げだけでなく、工数の削減も必要です。顧客にネットバンクの使用とクレジットカード決済による経費支払いをお願いして、そのデータを取り込み、自動で仕訳が完成するシステムを組んでさらなる効率化を図る、決算書診断システムの導入による財務内容分析時間の削減をするなどが考えられます。

インフレ時代の経営の基本線は、値上げを常態化して常に適正価格をいただくことと作業の効率化と合理化で工数を削減し、人件費の上昇を防いで利幅を維持することです。組織が大きいと難しいですが、５人以下の組織ならトップの意識がダイレクトに組織を動かすので、変化も比較的容易です。変化に応じた経営を意識すれば、最低の人員で年収３０００万円は十分可能です。

売上1億円を目指す（上位8%）

本書では、年収3000万円のモデルをご紹介しましたが、それでは飽き足らず、もっと規模を拡大したいとお思いの方も多いのではないでしょうか。私も年収3000万円で自分の事業の拡大を止めようとは全く思いませんでした。

自分の能力がどれだけ通用するか世の中に問うてみたい、全知全能を賭けて、経営というフィールドで勝負してみたい、これも1つの生き方ですし、私もそう考えて細やかですが事業を拡大してきました。

会計業界では、売上が1億円に到達した事務所は上位8%と言われています。1000人中の8位ですから、経営という観点で実力者であることは明白です。業界内でどこに行っても侮られることはなく、一目置かれる存在と言えるでしょう。

1億円という目標は置いておいて、まず一般的に会計事務所を経営するにあたり、難しい点を挙げると以下となります。
①有資格者が常に事務所に1人はいないといけないので、病気など短期リタイアすら許されない
②顧客が有資格者と直接のやり取りをしたい場合が多く、従業員に全てを任せることが難しい
③入力作業や申告業務がメインのため労働集約型にどうしてもなり、ずっと人の問題に悩まされる
④納期が厳密で、遅れた時のペナルティがある
⑤税務調査でミスが発覚し、顧客から訴訟を起こされるリスクがある
⑥法律改正が頻繁で常に勉強しなくてはならない
さらに、上位8％である売上1億円への到達となるとさらに次の問題をクリアする能力が求められます。

①集客が不安定であってはならず、集客の方程式を確立しないといけない
②高単価のお客様を獲得するないしは値上げをして、適正な利幅を取らないといけない
③解約を少なくする必要がある
④大手が近隣に進出してきても、負けない魅力を作らなければならない
⑤正社員が7人以上は必要となるので、その採用と教育
⑥総務部門の充実
⑦福利厚生の整備
⑧人間関係に気を配り、離職を抑える
⑨代表税理士の指示を全従業員が素直に聞いて動く体制作り、会議の開催
⑩幹部の選定とその教育

かなり難しく感じるのではないでしょうか。でも、よく考えてみてください。**税理士のビジネスモデルはよくできていて、毎月入金があり、仕入れがほとんどなく、解約も少ないです。**飲食店に比べてその経営はどちらが難しいでしょうか。税理士業の方が圧倒的に

簡単です。

多くの税理士事務所経営者を指導した経験から言うと、売上5000万円から7000万円で売上がストップする方が非常に多いです。売上7000万円以上となると完全に会社経営の領域となり、お山の大将ではなく、経営者としての振る舞いや細心の組織運営が必要となるからです。

多くの税理士は、頭の中のほとんどを税務が占めていますが、これでは1つの会社として、売上を大きく伸ばすことはできません。売上1億円を目指す場合は、税理士法遵守を意識しつつ、その思考の半分を経営に向けていきましょう。

池上式・最強メソッド

前節で売上1億円突破がいかに難しいかという点の解説をさせていただきました。一般的には頭のよいとされている税理士の8％しか到達できない領域なので、実際に難しいと思います。

そこで作ったのが、私が主催する「**会計事務所 売上1億突破本気塾**」です。この塾は公認会計士の柴山政行先生とコンサルタント・プロデューサーの大野晃先生のプロデュースにより誕生しました。現在では100人を超える税理士事務所経営者がこの塾で学び、多くの塾生が1000万円単位の売上アップや組織の拡大を実現しています。

この塾のコンセプトは、特殊な才能や努力なしに、税理士法を遵守しながら、売上1000万、3000万、5000万、7000万という階段を一歩一歩着実に上ることができ、最終的には売上1億円を突破できるメソッドを提供するというものです。

メソッドの概要は、以下の通りです。
①30を超える売上アップ手法の伝授
②オペレーションの改善、標準化
③人が辞めない、そして人を雇える組織作り
④事務所を着実に成長させるための代表としての心構えの習得

税理士事務所経営に悩む方は、ぜひこの1億突破本気塾で、志ある仲間と、売上アップ、組織づくりのノウハウを学び、一歩一歩事務所を着実に成長させ、最終的には1億円を突破し、安定・安泰な事務所経営を実現させてほしいと思っています。

今回紹介した年収３０００万円モデルは、最短コースを歩むモデルなので、病気でもしたらすぐに全てが止まってしまう危険性があります。売上１億円になれば、自分が走り続けなくてもよい段階になります。そういう意味では、売上１億円というのは経営の安定と

いう観点から1つの目指すべきモデルの1つと言えるでしょう。

売上が1億円まで行けば、代表税理士の所得は必ず3000万円は出ますし、4000万円も十分に可能です。

少しだけこの塾の内容に触れると、その要諦は以下の通りとなります。

①強い競合他社がいない、もしくは少ない分野で、銀行や保険会社を経由した紹介獲得やネット広告、DM送付によって高単価で集客することが生命線。生命保険、書面添付、インボイス対応を理由とした値上げ、DC（企業型確定拠出年金）導入、印刷機販売などでの副収入も意識的に狙っていく。

②ニーズの高い記帳代行を丸ごと引き受けることで、顧客の会計事務所への依存度を高めつつ、適正な仕訳手数料を導入することで高単価を実現。その他にも顧客単価を上げるさまざまな工夫を料金表に織り込むことで、会社として生き抜くための適正な利益の獲得を図る。

③簡単に雇えて、かつ辞めない属性の人を中心とした採用戦略で、人材採用と離職に頭を悩まさない。経験者採用を諦め、全員未経験を採用して教育する。
④代表が「右向け右」と言ったら、全員が即座に右を向くワンマン経営を実現するために適切な目標を設定し、目標を毎週数字で管理する体制の構築。

巻末にこの売上1億円を超えるためのノウハウ満載の動画が視聴できるQRコードがありますので、アクセスしてみてください。本書では紙幅の関係で紹介できなかった、アパートの1室から徒手空拳でスタートし、事業承継や経営統合などを一切せずに独力で3億円に迫る売上をあげた驚くべき売上アップ手法、よい人材を獲得する採用方法、未経験者を早期に経験者にする教育方法、40名以上の従業員を掌握する人心掌握術など、ワンマン経営をスムーズに実現できるノウハウを全て公開しております。

売上2億円を目指す（上位3%）

売上2億円ともなると、全会計事務所の上位3%となり、地方であれば地域一番店、都会でも有名な会計事務所になってきます。個人的には、この段階に入ると集客よりも組織運営の方が何倍も難しくなってきます。

会計事務所は規模により以下のような形態をとっていくのが理想です。

①5人規模まで
先生を中心としたサークル的形態。

②10人規模
2グループ制とする。先生＋事務要員＋Aグループ（4名）＋Bグループ（4名）。

Aグループで幹部1名、とBグループで幹部1名を選出。先生＋A＋Bで幹部会議を行い、方針を決定。

③売上7000万円が見えた段階

金融機関出身などの営業マンを入れるか自社内で専属営業マンを選抜し、いよいよ事務所から会社にする。

先生＋A＋B＋営業マンで幹部会議を行う。

④売上1億円が見えた段階もしくは税理士法人化した段階（15人規模）

ピラミッドを全従業員に意識させる。数字による目標を全従業員に設定し、毎週目標管理を開始。

先生＋営業マン＋社員税理士＋現場トップで幹部会議。

⑤社長室長を作る（30人規模以上）

営業戦略や採用戦略を練られる若い人材を採用し、社長室長として戦略を担当させ、代表税理士に頼らない経営を実現。

この④をクリアすると2億が見えてくると考えています。
④以降は、総務部門も含めて、正社員が20名以上となりますし、パートも入れると30名にもなります。ほとんどの顧問先よりも規模が大きくなり、まさに街の税理士事務所から完全脱皮して会社となります。
2億円ということは、平均単価を50万円とすると顧問先数は400件必要となり、もちろん税理士1人では処理できないので、もう1人、できればもう2人の税理士が必要になってきます。

さらに、税理士だけではキャパシティ不足で営業がおろそかになってしまうため、専属営業マンの雇用も必須となります。つまり、**さまざまな業務を担う人材が多数組織内に混在するため、組織を整えていく必要があるのです。**

売上に関しても、1億円時代よりももっと利幅が必要となります。なぜなら総務部門や人事部門などの間接部門にかかる費用が急増するためです。法人の平均単価を60万円以上、個人事業主はよほどのことがない限り顧問にしないという方針で、相続税などのスポット売上や保険収入の獲得など、貪欲に動く必要が出てきます。

このように売上２億円となると、陣容が揃い経営は安定するのですが、違うステージの経営の難しさに直面することになります。もうこの領域までくると、あなたは税理士事務所所長ではなく、完全に経営者です。

私も以前は経営にもがき苦しんでいました。でも今は、この困難を楽しんでいます。負荷が高いからこそ、自分自身が成長できると実感できているからです。売上２億円は、全税理士上位の３％の領域です。選ばれた人間だけが体験できる経営の領域で自分を研鑽する、こういう生き方も魅力的です。

中小企業を成長に導く

税理士の責務とは何でしょうか。税理士法第1条は、「税理士は、税務に関する専門家として、独立した公正な立場において、申告納税制度の理念にそつて、納税義務者の信頼にこたえ、租税に関する法令に規定された納税義務の適正な実現を図ることを使命とする」と規定しています。

もちろん、納税義務の適正な実現を図ることが最も大きな仕事です。しかし、極端なことを言えば、赤字であれば納税の義務はありません。企業のほとんどが大赤字であれば、税理士の活躍の場はありません。現在、赤字企業の割合は60％を超えています。

税理士は決算書を作成し続け、多くの企業の財務状況や経営の状況を見てきています。そして、多くの社長との対話の中で、儲かる秘訣を耳にしていると思います。だからこそ、黒字企業を作り出す効果的なアドバイスが可能なのではないでしょうか？

実際に、多くの経営者が税理士からの税金に関するアドバイスだけでなく、経営、特に**売上アップ、単価アップ、人事関係に関するアドバイスを欲しがっています。**第2章で経営コンサルについて触れました。これはあくまで新たな顧客の紹介を生み出すツールとしての作戦です。そうではなくて、**純粋に1つひとつの企業と向き合って、業績を良くしていく、**そういう生き方もあると思うのです。

私は以前、あるマーケティング手法を専門的に学んでいました。その手法とは、**まず、商品のコンセプトとお客様のターゲットを一致させ、その後、関係づくりの段取りを行い、ターゲットとする顧客の発注までの気持ちの流れを、プロセスにおける関係づくりのためのツール（ウェブや紙媒体など）やイベントなどを通じて高め、発注とファン化を進めていく**という手法でした。

この手法を用い、私はフランス料理店、居酒屋、美容院の売上アップに取り組み、大幅な売上アップを達成させました。ほとんどお金はかけていません。このようにマーケティングを専門としない私のような者でも、しっかりと学べば売上アップに貢献できるのです。

チェーン店でない飲食店や居酒屋、美容院、小売業では、顧客を吸引し、さらにファン化させるやり方を専門的に学んだ上で経営している方は、ほとんどいないといってもよいでしょう。

税理士は決算書や税金については熟知しています。それにプラスして、中小企業の経営者が学ぶ時間がないマーケティングや経営理論を学び、それをアドバイスしていくというのは、中小企業の業績アップに大いに資することになるのではないでしょうか。

私が、真剣に顧客の売上アップに取り組んで成果を出した時、経営者の方にたいへん感謝された経験があります。黒字企業を作り出すことは、税収や雇用の増加につながり、社会的意義も大きいです。


また、昨今の人手不足で、採用や離職、教育に悩む社長が多いです。自分が知っている効果的な採用媒体を紹介したり、離職を出さないための待遇を指南したりというのは非常に有意義です。そして、**何よりも社長のあるべき姿勢を教えるのが最も重要**だと私は思っています。

多くの社長は、自分のことしか考えていません。その考えを従業員に見透かされて十分な協力が得られず、会社がその稼ぐ能力を十全に発揮できていない、そういうケースを私は多数見てきました。社長が最も働き、利益を出して従業員の生活を良くしていく。会社で起きた全てのことを社長の責任と捉え、他人の責任にしない。こういう社長であれば従業員はついていきます。**企業は人の集まりですから、テクニカルなことばかりではなく、そういう社長としての在り方を指導するというのも黒字を作り出す重要な指導です。**

今まで述べてきたアドバイスや指導は残念ながら、税理士事務所の従業員がやっても社長には響きません。コンサルティングとは、その人の今まで培ってきた価値観や経験が投影されるものだからです。税理士事務所の経営者だからこそ、社長に響くアドバイスが可能なのです。

このように、年収3000万円を達成したら、顧客の増加を抑え、徹底的に顧客と向き合ってその業績アップに向き合っていく。これも1つの魅力的な生き方と言えるでしょう。

税理士事務所の事業承継の要諦

事業を一から始めたとして、歳を重ねれば、その事業には必ず終わりが来ます。そこには3つの選択肢があります。
①後継者に継がせる
②売却する
③静かに廃業する
皆さんは、どれを選ぶでしょうか。③の方は、結構多いです。しかし、③よりは②の方が老後の生活に資するのは当たり前なので、①か②となります。

①の後継者に継がせる選択肢は、茨の道です。会社（税理士事務所）を経営していると、せっかく作ったこの組織や顧客網、ビジネスモデルを自分の子に継がせたいと考えがちですが、お子さんの自由な人生選択という観点から考えた時にいかがでしょうか。私は感心しません。子どもが継ぎたいと思っているかもわからないし、能力的に物足りない場合もあります。
私は、一から事業を大きくしたので、私以上の能力を子どもたちが持つのなら、私以上のビジネスをゼロから作れるので、事業を継がせる気は全くありません。子どもたちには子どもたちの人生を満喫してほしいし、できれば自分の能力を徒手空拳から始めて世に問うてほしいと願っています。

事業承継には、他人に承継させるという手もあります。これはもっと茨の道です。自分と同じ以上の能力がある人を育てるというのは極めて難しいですし、育てる過程で税理士資格があれば、独立してしまう恐れがあります。そういったことまで考えた時に、ある程度の年齢で事業を売却するというのも大きな選択肢の1つだと思います。
税理士事務所の売却は、最近は特に増加しています。なぜなら税理士事務所は、毎月顧問料が入ってくるビジネスモデルで、解約率も低いため、投資の回収を比較的安全に進められ買い手にとっての安心材料が多いことと、規模を早期に拡大したいというプレイヤーが増加し、逆に人手不足とインフレの中で経営の難しさを悟り売却して事業を終わらせたいと思う税理士が増加しているためです。

税理士事務所の売却金額は、一般的には年間売上か、売上の8割程度が多いようです。しかし、これが地域一番店とか非常に利益が出る体質であるとか、業種特化で差別化しているとなると、利益の5倍程度の値が付くこともあります。

注意点として、マックスで5億円ぐらいでしか売買は成立しないという点です。税理士事務所の買い手は税理士事務所であるため、そのくらいの金額までしか大手の税理士事務所も出せません。利益を1億円出して、その5倍で売却というのが最も現実的な最大の売却金額ではないでしょうか。

私は、引退して亡くなるまでの間の資金が貯まれば、経営を続ける必要はないと考えています。というのも、**経営は規模が大きくなればなるほど、頭の回転の速さ、判断力、時流を読む力、人を引き付ける力、統率力、そして人材の先行投資をするなど胆力が求められ、60歳を超えれば、その総合的な能力は衰え、業績が悪化する**からです。東京商工リサーチの調査でも、売上が減少している企業の社長の半数程度が60歳以上の経営者が経営する会社です。60歳までに自分の事業の出口を考えるべきです。

また、あまりにビジネスを大きくするのも考え物です。ビジネスの才能があればあるほど、足元をすくわれるのがこの日本社会ではないでしょうか。得意の絶頂から転落した方を嘲笑うのも、残念ながら日本社会の悪しき慣習です。

コムスンを率いた折口雅博、ホリエモン、物言う株主村上世彰、青汁王子、数多くの経済人がこの憂き目にあってきました。常に襟を正して、ビジネスを行っていきましょう。

個人的には、得意の絶頂になる前に事業を売却して、隠遁生活に入るのも賢い日本の経済人の選択の1つのように感じています。ゼロの状態から利益を出して財を成した人を褒めたたえる文化が、島国日本に根付くのはいつなのでしょうか……。

ひとり税理士として余暇に生きる

今回ご紹介した年収3000万円モデルは、人手を必要とするモデルでした。しかし、人を雇うということは、毎年、賃金をアップさせなければならないし、社会保険料も同時にアップしていくので、売上、そして利益を上げ続けなければならない宿命を負っています。

これに対し、あえて年収3000万円までは求めずに、人を一切雇わず、年収1000万円程度で抑え、自由に使える時間を大幅に増やし、晴耕雨読の日々を送るという生き方もあります。私は規模をある程度大きくしてしまい、後戻りができない状況になってしまいましたが、純粋に一人で税理士業を行っている方を見ると、本当に羨ましく思います。ご自分一人の利益だけを考えればよいのですから。隣の芝は青いのかもしれませんが……。

さて、ひとり税理士として生きるとして、どう考えるべきか。具体的には、**集客はクラウド会計会社からの送客に頼り、低単価ではあるが真面目な方だけをクライアントにするべき**です。クライアントにはクラウド会計の操作方法を徹底して教え込み、自動的に仕訳が完成するようにしていき、面談も年に1回のZｏｏｍとし、電話問い合わせもせず、チャットで全て済むようにします。このオペレーションが完成すれば、平日の午前中で業務は終わってしまうでしょう。この方法で単価25万円の顧客を40件獲得すれば、年収１００0万円となります。

顧客40件の獲得が難しいと思われるかもしれません。しかし、実は客観的な事実により、低単価顧客の集客は容易になってきているのです。

その要因は、インボイス制度の導入です。**インボイス制度の導入で個人事業主の消費税申告件数は9割もアップしました。ほぼ倍増したわけです。**しかし、この層を多くの税理士事務所は顧客層とはしていません。年商が１０００万円もない方がほとんどで、利益をとれるほどの税理士報酬を払えない可能性が高いからです。

こういう客層は、どうやって難易度の上がった消費税申告書を含む確定申告書を作成するかというと、青色申告会や商工会議所、商工会などに頼って申告書を作成するということとになります。それにより安価で申告書が作成できて、めでたしめでたしとなればよいのですが、実際はそういきません。

青色申告会や商工会議所などは税理士ではないので、その申告書の中身については一切責任を取ってくれないのです。そうなると、どうなるか。税務調査がやってきて、税務調査官が素人の作成した申告書の誤りを5年間にわたって精緻に調査します。誤りが当然あるので、過少申告加算税という罰金付きの追徴課税ということになります。それで済めばまだよい方で、故意であるとか隠ぺい・仮装であると認定されれば、多額の重加算税が課せられ、事業は大きな影響を受けることになりかねません。

サービスが簡素にならざるを得ないひとり税理士といえども、この層を狙っていけば、他の税理士は無視している層で、税理士のサポートを程度の差はあれ必要としている層ですから、集客は難しくありません。ある意味でブルーオーシャンなのです。あとは、顧客の選別です。

顧客の事業規模が大きくなっていくと、経営相談もままならないひとり税理士では満足できなくなり、顧問契約解除となっていくでしょう。ですから、事業規模が大きくならず、経理に関する指示を守ってくれる顧客のみを選別して顧客にすべきです。ただ、先ほど述べた通り、インボイスの導入で、税理士を必要とする売上が小さい個人事業主はたくさんいるので、選別しての獲得は不可能ではないと思います。

ひとり税理士として事業を行えば、当然対応できる顧客数は絞られますが、逆に言えば、関係を深耕させる時間はたくさんあります。私なら、保険の管理を全て任せてもらい、保険のアップデートにより、副収入を得ようとすると思います。40件の顧客数といえど、家族や従業員も含めた保険加入数は生損保を合わせればかなりの数になるはずです。この生損保の見直しを常に行えば、保険の紹介料はもちろん、顧客からのロイヤリティーも高くなるでしょう。

ひとり税理士という生き方は、やり方次第で十分可能です。目まぐるしく変化する世の中を眺めつつ、ゆっくりと少ない顧客とストレスなく生きていく、それも１つの選択です。

強みを活かして、まったく新たなビジネスに取り組む

私が知っている税理士では、税理士業と全く別のビジネスを行っている方もいらっしゃいます。フランチャイズのスポーツジム、飲食店、バー、福祉事業、整体業などさまざまな業種で活躍されています。

税理士というのは、数多くの決算書を作成し、多くの経営者から話を聞くわけですから、経営に関する知見に関しては、ゼロから事業を起こすより圧倒的に有利な状況で事業を起こすことができます。

さらに借り入れに関する知識も豊富ですし、金融機関とのコネクションもある場合が多いので、ファイナンスもスムーズにいくでしょう。

自分自身が税理士事務所を経営することで経験が積め、さらに多くの経営者から他の事業に関しても学ぶことができる、これも税理士事務所を経営する大きな醍醐味の1つです。

税理士として成功し、さらなる事業にチャレンジ。これほど夢のあることはありません。税理士として、他のビジネスも手掛けられている方を見ると本当に尊敬します。

私自身多くの経営者の方と接する中で、必ず成功するというよりも、失敗しないビジネスモデルは自分なりにはわかっています。それは以下の4点を備えたビジネスです。

①仕入れがない、もしくは少ない
②人手が要らない、もしくは少なくてよい
③単価が高い
④拡大する市場がある

まず、インフレ経済では、仕入れ代金のアップをエンドユーザーに転嫁し続けなければなりません。これが難しいです。エンドユーザーの購買力の上昇スピードが遅いと、適正価格での販売ができず利幅が出せません。

次に、人手不足の昨今では、人手に依存する商売だと、人がいなくて売上が取れないということが頻発します。ファミレスでワンオペという事態が発生していますが、当然売上もガタ落ちとなっているはずです。
③の「単価の高さ」ですが、これは簡単な話で、ベンツ500万円を1台売るより、弁当500円を1万個売る方が圧倒的に難しいですし、単価が高いものほど利ざやが抜きやすく、値上げがしやすいという傾向があるからです。
④「最後の拡大市場」という点ですが、日本で拡大する市場は少ないですが、葬式関係、福祉関係、ペット関係、投資関係などは、いま拡大傾向にあります。そういう市場では、小資本でも隙間を見つけてのビジネスの可能性があり、成熟しきった市場よりも妙味があります。

4つ全てが揃わなくとも、この要素が多ければ多いほど失敗する確率が少ないです。実は私自身も漠然とした夢というか、次のビジネスを考えています。

私は、全国で500人程度しかいないという、税理士兼不動産鑑定士です。不動産に詳しい税理士はほとんどいません。また、かつて外資系の銀行と不動産投資会社にいたので、外国語アレルギーがありません。これを生かせないかと考えているのです。

日本のアセット、特に不動産に魅力を感じている海外の方向けに、税理士として税務についてもアドバイスができる不動産販売会社を作れないかなと思っています。逆に、日本人投資家に海外不動産を販売する仕事もやってみたいと密かに考えています。

税理士業を卒業して、ないしはサイドビジネスとして、新しい事業に挑んでいく、そういう新しいタイプの生き方も十分に魅力的なのではないでしょうか。

投資で生きていく

税理士事業で儲けたお金を、どんどん投資に回していき、早めにリタイアするという生き方も選択肢としてあります。

トマ・ピケティは『21世紀の資本』で、18世紀から現在までを分析すると、資本収益率は年に5％程度であるにもかかわらず、経済成長率は2％以下であり、資産運用によって得られる富は、労働によって得られる富よりも成長が早いことを明らかにしました。

現在は、ネット証券を利用することにより世界中の株や投資信託、債券に投資ができます。実物不動産も日本だけでなく、実際に海外に行って売買できる時代となりました。私自身もお客様に同行して、ハワイやフィリピン、セブ島における日本人による不動産売買を目の前で見てきました。円高から円安に振れる時代背景もあり、円建てて見れば大儲けした人も多数いらっしゃいました。

日本という国の経済を見ると絶望的な数字が並びますが、世界経済の指標をみると、経済成長率は、デコボコはありますが、近年は３％程度となっており、順調に成長中です。**つまり、世界に平均的に投資すれば、必ず儲かるようになっているのです。**単に人口だけ見ても、私が子どもの頃は、地球の人口が50億人と言っていましたが、今は80億人を超え、今後１００億人に向かうようです。人口が増えれば、物がよく売れ、かつての日本のように経済はますます成長します。そこに投資すれば、リターンの多寡は別として、必ず儲かるのです。

仮に年収３０００万円を達成して、その内１５００万円を毎年、年利３％の商品に投資したとしましょう。そうすれば16年で財産は３億円を超えます。インフレの加速具合にもよりますが、老後に3億円あれば、その金額を取り崩しつつ年金を受け取れば、楽に生活はできると思います。

投資で生きていくと考えた時に、さまざまな選択肢があります。私も恥ずかしながら、仮想通貨やＦＸなどで１００万円単位の失敗は何度も経験しています。**税理士という資格稼業を選択している時点で、博打を張って人生を生きるのは向いていないので、反省を込**

めて比較的安全で確実な投資を選んでみてはいかがでしょうか。

狙い目は、世界経済を引っ張り続けるアメリカ経済への投資です。日出ずる国から、日沈む国へと転落した日本に比べ、アメリカ経済は視界良好です。アメリカの人口は、1980年には2・3億人だったものが2030年には3・5億人となり、2080年まで人口は増加すると言われています。アメリカ在住の私の親戚に実際に聞いたところでは、アメリカ経済の強さには2つの要素があるということでした。1つには、不法移民が毎年300万人も着の身着のままで入国するため、必ず物が売れ、不動産が売れるので、需要不足にならない。もう1点は、アメリカ政府は世界中の天才少年、少女、若者にビザを与えて、技術革新や起業をサポートしている点です。経済力、軍事力が世界一で、人口も増加が止まらず、技術革新を牽引するアメリカに死角なしというところでしょう。
私がお勧めするのは、米国債、米国株の投資信託です。アメリカの個別株は、日本人には難しすぎると思われます。米国債については平易に説明した本を購入してみてください。ストリップス債と利付債しか種類がないので、簡単です。米国株の投資信託は、日経平均のような代表的な指数であるS&P500や半導体セクターや情報通信セクター、エネルギーセクターの指数投資が簡単でよいのではないでしょうか。

S&P５００は30年平均で10％を超える利回りとなっています。年収３０００万円のうち１５００万円を毎年投資すれば、12年で３億円を超えます。難しことを考えずに、S&P５００一本というのが最も楽だと思います。

この際、**アメリカ投資は、必ず円建てではなく、ドル建てで行うようにしましょう。**これから、残念ながら円は価値を徐々に失い、長期的に円安は避けられないと思います。皆さんが全知全能をかけた税理士業でせっかく儲けたお金です。価値が目減りする前にドル建てに変えて、アメリカ経済に投資するのをお勧めします。

多様な生き方を選べる時代

本章では、年収3000万円達成後の税理士の生き方を考えてみました。私は、税理士は今後も魅力的な国家資格であり続けると思います。なぜなら税理士は、貸借対照表や損益計算書、キャッシュフロー計算書を作成する能力があり、税法にも精通しているからです。

どの企業においても、毎年、ときには毎月、財務諸表を作成して、経営を行っており、それらに精通している人材は少ないため、税理士はどこにいっても重宝される存在であることは明白です。日本だけでなく、世界中の企業で日本との取引がある企業では非常に価値のある存在ですので、活躍の場は世界にも広がっていると言えるでしょう。

開業税理士、勤務税理士、経営コンサルタント、一般企業の財務部門、海外企業の日本担当、M&A会社や事業会社の社員といった仕事だけでなく、先述したようにその経営に関する知識を生かし、自分で飲食店などを経営する道もあります。

本書では触れませんでしたが、実は事業承継や会社法など企業と密接にかかわる分野で、税法が理解できていて、その実務をわかりやすく解説できる専門家が少ないという問題があります。税理士は資格を取ると勉強を止めてしまい、できるだけ早く今までの勉強時間という投資を金銭的に回収しようとするのが一般的ですので、資格取得後に大学院に行って専門的に勉強する方は非常に少ないです。

大成功している先生に伺ったのですが、**知識を膨大に蓄え、わかりやすく解説できるというのが大きな差別化ポイント**で、その先生は出版を契機に大成功したとのことでした。今は、講演と動画のサブスクだけで十分に生きていけるだけの売上を上げていらっしゃいます。勉強で生きていくという道も税理士にはあるのだと目を開かされた思いでした。

私個人としては、「はじめに」に書いた通り、税理士にはその能力を生かして、税理士業でもほかの事業でも結構ですので、ぜひ事業を拡大させて、新しい価値を生み出し、雇用を生み、納税をし、日本という国を再度立て直す先頭に立ってほしいと願っています。

「乗数効果」という用語があります。先生方が年収３０００万円という段階を超えて、仮に10人の雇用を生み出したならば、その10人が消費や投資を行うことで、さらに経済的な循環が生み出されＧＤＰが増加します。多くの税理士が一念発起し、ファイトを燃やして事業を拡大して日本経済に資する存在になってくれたら望外の喜びです。

「虎は死して皮を残し、人は死して名を残す」と言います。大きな話になってしまって恐縮ですが、多くの綺羅星のような経営の天才たちが奮闘し、戦後の日本経済を作ってきました。松下幸之助、本田宗一郎、中内㓛、稲森和夫たちは、まさに死して名を残しました。人は死んだら無になります。財産など意味がありません。だからこそ、彼らの理想、思想に殉じて経済活動に邁進し生きた瞬間、瞬間の煌きが、躍動・感動を生み、死後もその言葉が影響力を持っているのではないでしょうか。

有名な人だけではありません。多くの名もない経営者も苦闘して、日本経済を作ってきました。草莽ともいうべき無数の経営者が崛起してきたわけです。その草莽崛起ともいうべき経済活動がいつの間にか停滞し、30年を経過し、日本は経済大国の地位から転落しました。これは全て国民の責任であり、全ての経済人の責任でもあります。

私は、1977年生まれで団塊ジュニア世代の後の氷河期世代になります。中学生の時までが日本経済の絶好調時でした。前節ではドル建ての投資を推奨しましたが、本当はもう一度、生き生きとした日本経済を取り戻したい、そういう気持ちがあります。日本経済の復活は、国の舵取りだけでなく、民間経済を支える税理士をはじめとした全ての経済人にかかっていると思うのです。本書を読んだ方が年収3000万円に満足することなく、経済活動に邁進し、日本経済を復活させる草莽の同志となってくれることを心から願って、本書を終わりたいと思います。

おわりに

本書では、税理士事務所の経営理論、都会と地方における集客戦術、効率的なオペレーションおよび採用、最後に本書の目的である年収3000万円を実現した後の生き方についての私の考えを述べてきました。最後まで読んでいただいてありがとうございます。

私がなぜこの本を書いたかというと、自分の税理士事務所を拡大させ、100人を超える税理士経営者の経営指導をする中で、私の会計事務所経営理論が完成の域に一旦達したと判断したからです。それを今回、多くの方のご協力のもと、書籍という形にし、税理士事務所経営のノウハウの全てを注ぎ込みました。この内容には絶対の自信を持っています。

本書で一番言いたかったのは、資格業でなく経営を行うということです。

経営に徹すれば、ライバルが弱い税理士業界では必ず成功します。難しくはありません。

読者の方にお願いしたいのは、「行動」です。行動あるのみです。「叩けよ、さらば開かれん。求めよ、さらば与えられん。探せよ、さらば見出さん」なのです。先生方の事務所が一気に成長する金脈は、本書の実践の中にあると断言します。

エネルギーを爆発させてこそ人生です。何としても目標を達成したい、野望を成し遂げたい、その思いが人生を輝かせるのだと信じています。もし、この先、迷うことがあれば、「会計事務所 売上1億突破本気塾」の門を叩いてください。


最後に、私も子どもを授かって育てる中で、人を育てる難しさを知りました。両親が心を砕いて私を育ててくれたということが、今になってよくわかります。幼少期にしっかりとした教育を受けさせてくれたからこそ、経営を軌道に乗せ、本を執筆できる今があると思います。感謝しかありません。

また、私が経営や執筆に専念できる環境を作り、2人の子どもの健やかな成長を育んでくれ、時には鋭い助言をしてくれる聡明な妻と素敵な笑顔をくれる子どもたちに感謝したいです。本書でも書きましたが、子どもたちには、自分の能力を世に問うような、雇われでない生き方を期待しています。

人間の縁というのはありがたいものです。両親の元に生まれ、妻や子どもとの縁が生まれ、さらには多くの人との出会いで人生が変わっていく、人は一人で生きているのではなく、多くの人の支えによって生かされている。そう思います。

税理士になるのも縁、この本を手に取るのも縁。その縁を生かしてみませんか。

読者諸賢の奮闘を願っています。

池上成満

読者特典のご案内

【特典１】

無料解説動画
売上１億円突破の秘密

売上の壁1000万、3000万、5000万、7000万を突破するノウハウ、事務所経営最大化のポイント解説をご用意しています。今後の事務所経営のヒントになれば幸いです！

【特典２】

池上成満への無料個別相談
（公認会計士・税理士限定）

著者 池上成満へ Zoom で直接相談できます！（30分）
事務所経営、集客、採用、単価アップ、独立開業など、何でもお悩みをお気軽にご相談ください。著者が直接、一人ひとりに合わせたアドバイスをいたします。
※面談は日程調整させていただき、実施いたします。

※「特典１：無料解説動画」はWEB上で公開するものです。
※「特典２：無料個別相談」は限定20名様とさせていただきます。
※特典は予告なく終了することがあります。

［著者略歴］
池上成満（いけうえ・なりみつ）
税理士法人ステラ代表／税理士／不動産鑑定士／「会計事務所 売上１億突破本気塾」塾長
1977年、宮崎県宮崎市に3人きょうだいの末っ子として生まれる。宮崎県立宮崎大宮高校、法政大学を卒業後、不動産鑑定士旧2次試験に合格し、東京スター銀行へ入行。東京都港区赤坂の本店にて、不動産融資の審査を行う。特にホテルと老人ホームへの融資担当として全国を飛びまわり、多くの施設への融資を実行。その後、ヘッドハントにてREIT上場を目指すイシン・ホテルズ・グループの資産運用会社へ転職。ヒルトンをはじめとする30棟のホテルのアセットマネジャーとしてREIT上場に向けての準備を行うが、リーマンショックにて日経平均が暴落し、会社が解散。他の投資ファンドからのリクルートの誘いを断り、帰郷して税理士兼不動産鑑定士として独立。家賃4万円のアパートからスタートし、さまざまな集客手法を実践しながら、離職率の低い税理士事務所を目指して、経営に没頭。開業後11年で、事業承継や経営統合なしの独力で、宮崎県内最大の税理士事務所グループを創り上げる。その手腕に注目した公認会計士の柴山政行先生、コンサルタント・プロデューサーの大野晃先生に請われ、「会計事務所 売上1億突破本気塾」を開講。のべ100人以上の受講生を集める大ヒット講座になった。現在は、さらなる規模拡大を目指して鹿児島に進出。本書が初の著書。

税理士《ぜいりし》ならだれでも年収《ねんしゅう》3000万《まん》

2025年３月21日　初版発行
2025年４月18日　第2刷発行

著　者　　池上成満
発行者　　小早川幸一郎
発　行　　株式会社クロスメディア・パブリッシング
〒151-0051 東京都渋谷区千駄ヶ谷4-20-3 東栄神宮外苑ビル
https://www.cm-publishing.co.jp
◎本の内容に関するお問い合わせ先：TEL（03）5413-3140／FAX（03）5413-3141
発　売　　株式会社インプレス
〒101-0051 東京都千代田区神田神保町一丁目105番地
◎乱丁本・落丁本などのお問い合わせ先：FAX（03）6837-5023
service@impress.co.jp
※古書店で購入されたものについてはお取り替えできません
印刷・製本　　株式会社シナノ

ISBN978-4-295-41077-5　C2034